幼儿园管理艺术与方法探究

胡玉芝 ◎ 著

Youeryuan Guanli Yishu
Yu Fangfa Tanjiu

中国出版集团
中译出版社

图书在版编目（CIP）数据

幼儿园管理艺术与方法探究 / 胡玉芝著 . -- 北京：
中译出版社，2024.3
ISBN 978-7-5001-7822-4

Ⅰ.①幼… Ⅱ.①胡… Ⅲ.①幼儿园-管理-研究
Ⅳ.①G617

中国国家版本馆 CIP 数据核字（2024）第 067145 号

幼儿园管理艺术与方法探究

YOUERYUAN GUANLI YISHU YU FANGFA TANJIU

著　　者：胡玉芝
策划编辑：于　宇
责任编辑：于　宇
文字编辑：田玉肖
营销编辑：马　萱　钟筏童
出版发行：中译出版社
地　　址：北京市西城区新街口外大街 28 号 102 号楼 4 层
电　　话：（010）68002494（编辑部）
邮　　编：100088
电子邮箱：book@ctph.com.cn
网　　址：http://www.ctph.com.cn

印　　刷：北京四海锦诚印刷技术有限公司
经　　销：新华书店
规　　格：787 mm × 1092 mm　1/16
印　　张：11.75
字　　数：234 千字
版　　次：2024 年 3 月第 1 版
印　　次：2024 年 3 月第 1 次印刷

ISBN 978-7-5001-7822-4　　定价：68.00 元

前　言

　　幼儿园教育教学是我国教育体系的重要组成部分，其教学质量对于我国教育活动的有序开展产生重要的影响，而影响幼儿园的教学管理质量和效率的重要因素之一就在于幼儿园园长的管理艺术和管理方式。幼儿教育是幼儿启蒙阶段的教育，对幼儿的后续成长与发展非常重要，是成长的重要阶段。因此，幼儿教师在教学过程中应注意提升自己的专业素养，在教学规范和要求的基础上，对教学方法进行合理的改进，使其更加符合幼儿发展的需要，让幼儿掌握必要的基础知识和基本素养，并形成正确的价值观，为后续成长奠定良好的基础。

　　本书是幼儿园管理方向的书籍，主要研究幼儿园管理艺术与方法，从幼儿园筹建介绍入手，针对幼儿园管理的原则目标与过程、幼儿园的组织机构制度与保教队伍建设以及幼儿园时间与空间管理进行了分析研究；另外对幼儿园人力资源与常规事务管理、幼儿园保教与卫生保健工作管理、幼儿园班级中的人际关系与家长工作管理方法做了一定的介绍；还对幼儿教育环境创设与课程基础奠定的方法提出了一些建议。本书旨在摸索出一条适合幼儿园管理艺术与方法创新的科学道路，帮助其工作者在应用中少走弯路，运用科学的方法，提高效率，对幼儿园管理艺术与方法的应用创新有一定的借鉴意义。

　　在本书的策划和写作过程中，曾参阅了国内外有关的大量文献和资料，从中得到启示；同时也得到了有关领导、同事、朋友及学生的大力支持与帮助。在此致以衷心的感谢！本书还有一些不尽如人意的地方，加上作者学识水平和时间所限，书中难免存在缺点和谬误，敬请同行、专家及读者指正，以便进一步完善提高。

目　录

第一章 幼儿园筹建

第一节 幼儿园的筹建与申办

幼儿园的筹建与申办是开办幼儿园的前提。幼儿园的筹建与申办工作是一项系统工程，其过程比较复杂，要经过全面深入的市场调查、充分的物质和人员准备、有力的资金支持、规范的申请注册和资格审查等过程。

一、开办幼儿园的相关法律与政策

（一）开办幼儿园的主体资格

开办幼儿园的主体资格是指依照相应的法律法规和行业规范，公民或者组织机构开办幼儿园时应当具备的资质。我国法律法规与相关政策对开办教育机构的主体资格做了明确的规定。

《中华人民共和国民办教育促进法》规定：举办民办学校的社会组织，应当具有法人资格。举办民办学校的个人应当具有政治权利和完全民事行为能力。民办学校应当具有法人条件。

《中华人民共和国宪法》规定：国家举办各级各类学校……鼓励集体经济组织、国家企事业组织和其他社会力量依照法律规定举办各种教育事业。

以上法律规定对我国的教育办学条件、办学体制以及办学的主体资格进行了明确的规定。幼儿园教育是我国基础教育的重要组成部分，开办幼儿园的主体资格也必须遵循以上法律法规的相关规定。

《幼儿园管理条例》规定：地方各级人民政府可以依据本条例举办幼儿园，并鼓励和支持企业事业单位、社会团体、居民委员会、村民委员会和公民举办幼儿园或捐资助园。《幼儿园管理条例》明确了地方各级人民政府、企事业单位、社会团体、居民委员会、村民委员会和公民办园的多渠道办学体制，并肯定了其办园的法律地位。

（二）不得开办幼儿园的主体

1. 限制民事行为能力或无民事行为能力者

公民的民事行为能力是指公民以自己的行为行使民事权利和承担民事义务的能力。限制民事行为能力和无民事行为能力的人不能独立享受民事权利、承担民事责任，因此他们不能举办幼儿园。

《中华人民共和国民法典》规定：10周岁以上的未成年人是限制民事行为能力人，可以进行与他的年龄、智力相适应的民事活动；其他民事活动由他的法定代理人代理，或者征得他的法定代理人的同意；不满10周岁的未成年人是无民事行为能力人，由他的法定代理人代理民事活动。不能辨认自己行为的精神病人是无民事行为能力人，由他的法定代理人代理民事活动。不能完全辨认自己行为的精神病人是限制民事行为能力人，可以进行与他的精神健康状况相适应的民事活动；其他民事活动由他的法定代理人代理，或者征得他的法定代理人的同意。

2. 不具有法人资格的社会组织

要开办幼儿园的社会组织必须具有法人资格。举办民办学校的个人，应当具有政治权利和完全民事行为能力。民办学校应当具备法人条件。

根据《中华人民共和国民法典》规定，成为法人的条件是：依法成立、有一定的财产和经费、有自己独特的名称和组织机构以及适当的场地，还有最重要的是能够独立承担民事责任。因此，社会组织必须具有法人资格才可以开办幼儿园，并以法律主体的资格参与到各项事务中，享受权利和承担民事责任。

3. 其他不得开办幼儿园的主体

《中华人民共和国刑法》规定：被剥夺政治权利的人，不能担任国家机关工作人员中的任何职务，不能担任国有公司、企业、事业单位和人民团体领导职务。被判处徒刑以上的服刑者在服刑期间也不能担任国家机关工作人员中的任何职务，没有担任企事业单位、人民团体领导职务的权利。因此，具有以上情形的主体不能开办幼儿园。

二、幼儿园的类型与等级划分

幼儿园的格局和类型直接体现了国家的办园体制和学前教育的供给模式。由于各地经济发展状况以及管理体制等因素不同，各地区各类幼儿园所占比例以及具体的幼儿园等级划分标准也不同。

（一）幼儿园的类型

我国的幼儿园按照办园主体、资金来源差异和是否营利等因素，可以主要划分为公办幼儿园和民办幼儿园两大类。公办幼儿园，又称政府办园，主要是指由政府划拨办园经费，由政府部门、事业单位等国家机构主办的幼儿园；民办幼儿园是指由国家机构以外的社会组织或个人，利用国家非财政性经费，面向社会依法举办的幼儿园。

我国幼儿园的基本类型还有其他的分类方式：按照幼儿园的服务时间的不同，可以划分为全日制幼儿园、半日制幼儿园和寄宿制幼儿园；按照幼儿园所在的地理位置不同，可以划分为城市幼儿园和农村幼儿园；从入托对象的角度，除了日常大家熟知的幼儿园，还有智障儿童教育机构、听障儿童康复中心、特殊学校等。

（二）幼儿园的级别和类别

幼儿园的"级"反映幼儿园的环境、保教人员的专业素质以及设备等客观条件，具体内容包括幼儿园的室内外环境、房屋设备、场地规模、大型器械、教学设备等。

幼儿园的"类"反映幼儿园的管理、保育和教育水平等主观因素，包括园长、教师、保育员、医务保健人员、炊事后勤人员的安排，教育教学水平，儿童发展情况等。

由于中国幼儿教育事业主要采取统一领导、地方负责、分级管理的办法，而且各地的文化经济发展水平不同，因此，各地都有自己的幼儿园分级分类验收标准，由此产生的幼儿园等级结构也不同。

三、幼儿园的定位与运营

"取法乎上，仅得乎中；取法乎中，仅得乎下"，意思是取上等的为准则，也只能得到中等的结果；取中等的为准则，也只能得到下等的。一所幼儿园能否创办得成功，在很大程度上取决于最初幼儿园的定位是否恰当以及是否进行了合理的运营情况预测。

（一）幼儿园的定位

1. 幼儿园的服务定位

随着国家对学前教育的重视，幼儿园的种类和数量逐渐增多，家长有了更多为孩子选择幼儿园的空间。幼儿园之间的竞争日益激烈，为了在激烈的竞争中脱颖而出，幼儿园创办者要对幼儿园合理定位。服务对象和层次的定位，要寻找市场空间，瞄准目标人群，要懂得错位发展，避开强势竞争。例如，你的幼儿园所在小区住户在当地属于比较富裕人群，那么你无论从硬件配备还是软件建设，你的幼儿园都要争创一流。如果你的幼儿园所在小区住户都是普通工薪阶层，那么根据服务对象的经济状况，你的幼儿园定位、收费则不能过高。如果幼儿园是公立幼儿园，无论幼儿园处于何处，该幼儿园都要坚持普惠性办园方针。

2. 幼儿园的特色定位

有自己特色的幼儿园具有一定的竞争优势。而关于特色的定位，要以幼儿园开办者对自身、对教育对象及对家长需求等的全面了解为基础。有鲜明特色的幼儿园可以吸引家长的目光，也可以让一些民办幼儿园或地理位置在乡村的幼儿园充满生机和活力。

幼儿园的特色定位对幼儿园开办、运营起着重要的作用。特色幼儿园要素主要由主体思想、教育行为方式、环境氛围三者构成。幼儿园的个性化就是特色幼儿园的实质，幼儿园形成某种属于自己的特色，归根结底是幼儿园对某种办园理念的具体实践。这种办园理念的个性化更表现在教育行为方式上，也就是说教育行为是特色办园理念的外显形式。在幼儿园教育实践活动中，教育行为方式占主导地位。可以这么理解，如果教育行为方式是幼儿园特色的肉体，那么办园理念就是幼儿园特色的灵魂。

（二）幼儿园正常运营情况预测

要想顺利开办一所幼儿园并保证其正常运营，要进行充分的前期市场调研。要充分考虑幼儿园的规模、班级容量、人员配备、收费支出等问题。

1. 幼儿园的规模

幼儿园的开办者应根据规定规划其幼儿园可以容纳的幼儿数量、可以设置的班级与其他活动室的数量、寝室的数量、每个班级的活动空间大小、户外活动空间的大小，以及户外大型玩具的设置等。《幼儿园工作规程》规定：幼儿园规模以有利于幼儿身心健康，便于管理为原则，不宜过大。除此之外，《幼儿园工作规程》和《托儿所、幼儿园建筑设计规范》都对幼儿园的办园规模和班额做出了规定：大型幼儿园 10~12 个班，中型 6~9 个班，小型 5 个班以下，托儿所招收 3 岁以下幼儿的，以不超过 5 个班为宜。幼儿园的规模是开办幼儿园之前首先要确定的，幼儿园的开办者要根据园舍实际情况和生源特点对幼儿园的规模有个事先的预测。

2. 入园编班及班级容量

幼儿园普遍以年龄编班，其要求是 3 岁以下为小小班，3~4 岁为小班，4~5 岁为中班，5~6 岁为大班。还有部分民办幼儿园会开设托班，招收 1 岁半以上的幼儿，具体招生年龄并不固定，以保育为主。此外，幼儿园也可以采取混龄编班，多适用于小型规模的幼儿园，以营造家庭氛围作为幼儿园的办园特色。

幼儿园每班的人数不宜过多。由于我国人口较多，班级规模与欧美发达国家相比也相对较大。我国幼儿园常规班容的情况如下：小班（3~4岁）25人，中班（4~5岁）30人，大班（5~7岁）35人，混合班30人，学前幼儿班不超过40人。寄宿制幼儿园每班幼儿人数酌减。以上数据仅供参考，条件好的幼儿园班级规模可适当缩小。

3. 保教人员的配备

幼儿年龄越小，其师幼比越高。一般来讲，6个班级或者以上规模的幼儿园，要配有专门的保教主任来主管保教工作，并且要负责各班级教育教学工作的指导。幼儿园班级保教人员配备通常采用"两教一保"的形式，即每班1名保育员与2名教学教师，其中1名教师作为负责人或班长。以特殊教育为主的幼儿园还要聘请专门的特殊教育教师来照顾幼儿。

4. 收费情况

进入市场经济以后，民办幼儿园自主收费、自负盈亏。充足的资金投入是开办幼儿园必备的条件，没有资金或资金不足往往影响幼儿园的正常运营。一般民办幼儿园的收费主要来自两大部分，即管理费和伙食费。管理费主要是指保教费。伙食费用于幼儿的食品供应，它要求按照专款专用的原则进行开支，不能有盈余或者挪用。由于各地区经济发展水平不同，幼儿园的收费标准也不同。民办幼儿园收费标准的确定要考虑满足幼儿园正常运转的需要，以及物价部门等行政部门的政策，也可以通过与周边的幼儿园相比较来确定。

5. 支出情况

幼儿园的支出主要是人员经费和公用经费两大部分，大体包括管理费、伙食费和其他费用。其中，管理费里包括教职员工工资、燃料费、保养费、修缮费、车辆维修费、固定资产折旧费、暖气费、水电费、办公费等；伙食费包括幼儿伙食支出，如购买蔬菜、肉类、粮油、燃料等。伙食费必须花在幼儿身上，专款专用。幼儿园的管理者要对幼儿园经费的来源和支出有所掌握，做好经费预算的编制和实施工作，更加科学地经营幼儿园。

（三）幼儿园的登记注册

幼儿园的登记注册是开办幼儿园必不可少的重要环节，是主管部门对申请者提交的办园申请进行审核，在一定期限内给予答复的过程，也是幼儿园取得合法身份、接受政府监管的必要途径和重要手段。《中华人民共和国教育法》规定：学校及其他教育机构的设立、变更和终止，应当按照国家有关规定办理审核、批准、注册或者备案手续。《幼儿园管理条例》规定：国家实行幼儿园登记注册制度，未经登记注册，任何单位和个人不得举办幼儿园。城市幼儿园的举办、停办，由所在区、不设区的市的人民政府教育行政部门登记注册。

1. 幼儿园登记注册的程序

（1）筹设申请材料

筹设申请材料是幼儿园登记注册的准备环节，是申请开办幼儿园的单位或个人，向审批机关提出筹设申请并提交相关的材料。

（2）正式设立申请材料

申请正式设立幼儿园时，申办者应向审批机关提交一些材料，不同地区提供的材料存在一定差异。

（3）审核验收

审批机关应在接受正式申请相关材料后的 3 个月内，与相关部门进行材料审核和实地验收，以书面形式决定是否同意批准，并送达申办人。对不予批准设立的，审批机关应当以书面形式说明理由。

2. 幼儿园审批、登记注册的机关

《幼儿园管理条例》指出：城市幼儿园的举办、停办，由所在区、不设区的市的人民政府教育行政部门登记注册。农村幼儿园的举办、停办，由所在乡、镇人民政府登记注册，并报县人民政府教育行政部门备案。

根据规定，依据"谁审批，谁负责，谁管理"的管理原则，我国各类幼儿园大都归于县区一级不同政府部门审批与管理，涉及的部门或者组织主要包括教育行政与业务部门、卫生部门、妇联、民政部门、乡镇政府、街道社区和农村村委会等。不同类型的幼儿园其审批机关也不同，绝大部分幼儿园由教育部门进行审批。教育部门普教科主要负责教育部门和公办幼儿园的审批；教育部门成职教科或民政局负责民办幼儿园的审批；企事业单位办园和部队办园由其举办单位审批。街道办事处和乡镇人民政府配合教育行政部门做好学前教育机构审批工作，中外合作举办的学前教育机构按《中华人民共和国中外合作办学条例》及实施办法的规定，由省教育行政部门审批，颁发中外合作办学项目批准书，并报教育部备案。

第二节　幼儿园开办的物质准备

《中华人民共和国教育法》提出申请设立的幼儿教育机构，根据其准则、层次和规模的不同，必须具备相应的场地、园所、教学设施设备等硬件设施。《幼儿园管理条例》提出：举办幼儿园必须具有与保育、教育的要求相适应的园舍和设施。幼儿园的园舍和设施必须符合国家的卫生标准和安全标准。

一、幼儿园的选址与园舍整体规划

选址是成功开办幼儿园的首要因素，幼儿园的开办者必须认真考虑幼儿园的周边环境、居民居住情况、交通情况等问题。幼儿园的选址关系到幼儿园的招收生源的数量和质量，也关系到幼儿园未来能否顺利运营。

（一）选择园址的基本条件

1. 园址选择的卫生要求

（1）环境干净、卫生

干净、卫生的环境不仅可以保障幼儿的身体健康，还可以使幼儿心情舒畅，因此幼儿园应该设在周边绿化好的地方。此外，幼儿园应当远离加工厂、垃圾场、殡仪馆、皮革厂等污染较严重的地方。幼儿园内部的绿化面积也最好不低于用地面积的30%。绿色环境有助于孩子健康成长。

（2）空气清新、纯净

因为幼儿的抵抗力较低，容易患呼吸道疾病，所以幼儿园活动室以及寝室等要经常开窗通风，保持空气的流通，做到空气新鲜，并且要确保没有装修的异味。幼儿园的选址要考虑到幼儿园周围是否存在释放有害气体的工厂，要远离这些污染源。如果幼儿园周边有绿化面积较大的公园或农场，可以加以利用，让幼儿有更多机会亲近大自然，呼吸到清新、纯净的空气。

（3）环境安静、低噪声

幼儿的神经比较脆弱，对噪声的反应很敏感。高噪声的环境不仅影响幼儿正常的生活与学习，而且会影响幼儿神经系统的发展。因此，幼儿园应该坐落在安静、低噪声的环境里，比如小区中央，远离主干道。噪声大的地方，如工地、车站、机场、大型娱乐场所附近，都不宜设立幼儿园。

（4）阳光照射充足

太阳光中的紫外线有杀菌作用，而且阳光有助于幼儿的成长。因此，幼儿园园址的选择应该考虑园所的采光问题。一般来说，布满高层建筑的地方周围不宜建幼儿园，因为高层建筑不仅影响采光，也会使幼儿感到紧张和有压迫感。此外，光线过暗也会影响幼儿的活动。

（5）排水系统通畅

通畅的排水系统是幼儿园卫生的重要保障。如，夏季雨水较多，如果雨后积水不能及时排出，就会滋生蚊蝇，甚至还会有恶臭的味道。这不仅影响幼儿园的环境卫生，而且会影响幼儿的身体健康。

（6）地势相对较高且平坦

地势低洼的地方容易形成雨后积水，造成安全隐患。地势相对较高的地方视野较好，阳光照射也比较充分。平坦宽阔的地面则方便幼儿奔跑和做游戏。

2. 园址选择的地理条件

（1）安全性良好

幼儿的安全是幼儿园最重视的问题之一。幼儿园周围环境的安全对幼儿影响很大。幼儿园的选址要充分考虑幼儿的安全问题。因此，幼儿园的开办者在选址前要设法深入考察幼儿园周围环境的安全性，查看幼儿园附近是否有储存易燃易爆物品的车间、厂房、加油站等，尽量减少或避免火灾、地震、泥石流等自然灾害所带来的损失。幼儿园与干道或公路之间的距离不应少于 80 米。园门不宜直接开向城镇干道或机动车流量每小时超过 300 辆的道路，园门前庭应留出一定的缓冲距离（80~100 米为宜）。园区内不得有架空的高压输电线路穿越。

（2）人口密度高

人口密度越高的地方出生率相对越高，在一定程度上保障了幼儿园的生源。比如，新建的小区里居住的年轻人相对较多，孩子的出生率也相对较高，这样的地方生源相对较好。

（3）便利的交通

公共交通。幼儿园园址的地理位置应该考虑公共交通是否便利，周围是否有公交站点等，以方便家长接送幼儿。

停车。随着私家车的日益增多，幼儿园应该充分考虑家长停车问题。幼儿园可以根据具体情况设置室内停车场或室外停车场。园方能否提供方便的停车位置以及停车费用的多少也会影响到招生和日常工作。如果幼儿园没有提供方便的停车空间，接送幼儿高峰期很容易发生交通混乱。

（二）幼儿园园舍的整体规划

1. 园舍的组成部分

（1）建筑用地

幼儿园的建筑首先要保证建筑的安全性，以平房为宜。如果以楼房作为幼儿园的建筑，则应以两层楼为宜，最多也不要超过三层。房舍的朝向以东南朝向为宜，保证有足够的阳光。幼儿园的建筑用地应该充分考虑到幼儿、教师、家长的需要，建筑用地包括以下几部分：幼儿园的主要使用空间，如生活用房；幼儿园的次要使用空间，如服务用房和供应用房；还有交通联系空间，如门厅、走道、楼梯等。

生活用房：生活用房是幼儿园日常活动的空间，比如活动室、寝室、卫生间、乳儿室、配乳室、喂奶室、衣帽贮藏室、音体活动室等。活动室和寝室可以根据幼儿园的具体情况合并使用。卫生间要专为幼儿设计，保证通风和清洁无味。盥洗设备要采用流动水，水龙头要适合幼儿的高度。

服务用房：医务保健室、晨检室、隔离室、保育员值班宿舍、会议室、教职工办公室、值班室及教职工厕所、浴室等用房。为了保证幼儿的安全和避免感染疾病，成人厨房、资料室、办公室应该与幼儿常用用房分开。

供应用房：幼儿厨房、消毒室、烧水间、洗衣房及库房等。

交通联系空间：比如，幼儿园的大厅、走廊、外来人员接待室等。幼儿园的大厅和走廊应该宽敞明亮，确保在接送幼儿时的正常出入。外来人员接待处要设置在明显的位置，最好在大门附近，方便接待家长。

（2）室外场地

室外场地包括室外大型玩具游戏场地、室外活动场地、种植区、饲养区等。室外场地可以种植蔬菜和饲养小动物，便于幼儿观察和亲近大自然。

（3）绿化用地

室外场地的绿化面积应该多一些，树木具有阻隔噪声、净化空气的作用。

（4）其他用地

杂物院、晾衣场地、垃圾存放点、停车场等。

2. 园舍整体规划遵循的原则

（1）趣味性原则

在幼儿园的整体规划当中，幼儿园的建筑、活动设施的造型，墙饰、活动区的色彩搭配、图案选择等都要符合幼儿的兴趣，其造型应该是幼儿熟悉或喜欢的。比如，使用幼儿喜爱的城堡式建筑风格等。幼儿园的开办者要把握幼儿的心理和兴趣所在，要尊重幼儿的审美需求。

（2）创新性原则

不同地域、不同民族在生活条件、风俗习惯、文化传统等方面有很大差异，幼儿园可以利用这些差异体现特色。幼儿园不应该千篇一律，即便是同一地区的幼儿园也应尽量体现自己的特色或风格。幼儿园的设计应该具有创新性、独特性。

（3）适宜性原则

幼儿园的整体规划须适应幼儿的身心特点。不同区域的划分要合理，线路清晰，园舍色彩的搭配要恰当，给人舒适感，尽量避免建筑物反光造成生理不适、心理压抑等弊端。

（4）益智性原则

园舍的规划应通过自身的形式美感和内容去启迪幼儿的智慧，开启幼儿的知识大门，培养幼儿具有良好的审美情趣。因而在幼儿园的整体布局中，应充分考虑益智因素，启发幼儿的想象力，拓展他们的思维，营造良好的成长环境。

3. 幼儿园整体规划的基本要求

（1）功能区分合理，符合使用要求

在条件允许的情况下除了设置公共的户外活动场地，还可以创建分班活动场地。为了方便服务用房更好地为园所服务，服务用房最好设置在园所入口与幼儿生活用房之间。供应用房最好自成一区，设置明显的标志，并在常年主导风向的下风向。

（2）活动路线清晰，做到互不干扰

幼儿经常活动的路线应该与供应路线、垃圾处理路线明显区分开，明确标注幼儿禁止活动的区域，确保幼儿在园活动的安全。生病幼儿的活动路线应单独设立。

（3）扩大绿化面积，种植多样植物

应该多种植一些能够迅速产生绿化效果的树木，比如乔木，使幼儿在室外活动时可以遮阳和休息，还可以起到改善空气质量的目的。

乔木是指树身高大的树木，由根部发生独立的主干，树干和树冠有明显区分。有一个直立主干，且高达 6 米以上的木本植物称为乔木。种植多样植物，可以多栽种一些果木，让幼儿更加亲近大自然、了解大自然，达到环境教育的效果。

（4）合理规划道路，丰富幼儿体验

幼儿园的道路要做到合理规划，使幼儿能在安全畅通的环境下自由活动。幼儿园可以设计一些丰富的活动场地，比如，弯道、小坡，会给幼儿带来不一样的运动体验。

（5）正确选择出入口的位置

主体建筑占据用地的中心位置，主、次要出入口可以分设在南北两端。幼儿活动路线与供应路线、垃圾处理路线分开，应分设出入口。

二、幼儿园的建筑要求

幼儿园的建筑规划和建设应贯彻安全、适用、经济、美观、环保、节能的原则，园舍建筑设计应符合《幼儿园建设标准》的规定。

（一）生活用房建筑要求

1. 活动室

活动室是幼儿在园日常生活和游戏的主要场所。寝室、盥洗室、衣帽间等应该围绕活动室设置。为保障幼儿游戏、生活、进餐等活动的顺利进行，活动室要有足够的使用面积、合理的形状和尺寸、最佳的朝向、充足的阳光、良好的通风条件。应保证有一半以上的活动场地面积在冬至时日照有效时间不少于两小时。另外，室内净高不应低于 2.8 米。每班活动室的最小使用面积应不低于 50 平方米，活动室的平面形状可以有多种：正方形、长方形、扇形、圆形等。环境色彩以明快淡雅为宜。

2. 寝室

寝室的尺寸根据每班的床位数及其布置方式决定，原则上每个幼儿平均约占 3~4 平方米，床位间距不得小于 0.5 米，两行床间距不得小于 0.9 米。寝室的环境色彩选择明度不高的冷色，如浅绿、浅黄等，给幼儿以安定、清凉的感觉。另外，床可以选择双层床、组合床、折叠床等。全日制幼儿园如果条件较差，不必设置专门的寝室，可以在活动室内临时布置床铺组织幼儿午睡。寄宿制幼儿园要设立专门的寝室。寝室要求每班独立，有良好的通风，采光不必过量。

3. 盥洗室和厕所

盥洗室应临近活动室和寝室。厕所和盥洗室应分间或分隔，并应有直接的自然通风。厕所应保证坑位够用，并确保排放通畅。盥洗池高度宜为 500~550 毫米，宽度宜为 400~450 毫米，水龙头的间距宜为 350~400 毫米。其他详细数据请参考《幼儿园建设标准》。

4. 衣帽间

衣帽间应该设在活动室或寝室附近，起到室内和外空间的过渡作用。存衣设施可以沿墙布置，并确保幼儿的衣服不能混杂。每个橱柜提供粘钩并标好幼儿姓名，方便幼儿取用。

（二）服务用房建筑要求

1. 医务保健室

医务保健用房一般分为医务保健室一间、隔离室一间或数间，还有一个厕位的幼儿园专用厕所，最小使用面积为 18 平方米。规模较小的全日制幼儿园可以只设一个大间的医务保健室。医务保健室应该与服务用房在一个区，最好设在服务用房端部，或与隔离室等房间合在一起。医务保健室也可以单独设置在一楼大厅附近，尽量和幼儿园大门入口相近，方便幼儿园医务人员晨检。

2. 隔离室

隔离室是医务保健室的补充，用于收容在托期间生病的幼儿。为避免交叉感染，患有传染病的幼儿要在隔离室进行观察和初步诊治，等待家长接幼儿去往医院做进一步诊治。规模小的幼儿园可在医务保健室内设一个单独的观察床位，作为观察幼儿病情及临时诊治的地方。隔离室和医务保健室设在一起，最好设有观察窗或玻璃隔断。

3. 晨检室

根据幼儿卫生保健要求，幼儿清晨入园所时要由医务保健人员检查幼儿是否有异常情况，以便及时发现病情，采取相应措施，避免病儿的病情蔓延。

晨检室的位置应靠近大门入口处，一般多设在主体建筑入口处。晨检室也可与传达室、收发室连在一起设在大门入口处，但应与传达室、收发室有分隔。

4. 办公室

（1）教学办公室

教学办公室是幼儿园教师进行教学准备和教学研究的办公室，由教学备课室、教具制作及陈列室、会议室等组成。教学办公室也可与行政办公室组合在一起，组成办公单元，集中设置于总平面入口区，或设在主体建筑内。

（2）行政办公室

行政办公室主要是指供行政人员和管理人员办公的用房，由园长室、接待室、财务办公室、总务办公室及总务库房等组成。其位置应方便幼儿园与外部联系，应避免家长或外部人员过度深入幼儿园内部，因此一般设于入口附近。

（3）传达值班室

传达值班室是园区的门户，常与入口、大门、围墙相结合设于幼儿建筑入口处。

5. 档案资料室

档案资料室主要用来储存幼儿园建园以来的历史资料、幼儿的成长档案等相关资料，带有私密性，应严格控制进出档案资料室的人员。其一般可以设在幼儿园整体建筑的深处或顶层。

（三）供应用房的建筑要求

幼儿园的供应用房是后勤工作用房，主要包括幼儿厨房、食堂、消毒室、烧水间、配电间、洗衣房及库房等。

1. 厨房的建筑要求

厨房的布置方式分为独立设置、毗邻设置及内部设置三种。

独立设置方式即厨房与主体建筑分离，多用于规模较大及寄宿制的幼儿园；毗邻设置方式，即厨房与主体建筑毗邻，此种布置方式是幼儿园最常用的方式；内部设置方式，即厨房设于主体建筑内，一般用于小型幼儿园。无论何种方式，厨房都应有良好的排气设置和风道，避免油烟和气味窜入幼儿园生活用房。厨房的位置应位于幼儿生活用房的下风侧，与幼儿生活用房保持一定距离，但运输饭菜要方便、快捷，避免与幼儿流线混淆、交叉。厨房宜单独设置次要出入口，直通厨房或杂物院。

厨房的地面应有排水坡度（1%~1.5%）和地漏，并设有排水沟，便于及时排出室内地面积水。厨房的墙裙、地面及清洗池、炉灶等应该采用便于清洗的瓷砖镶面或水磨石面层。另外为避蝇、防鼠，应加设纱门、纱窗。

2. 其他供应用房

洗衣房、库房、配电间等应该与厨房一起作为供应用房考虑，集中设置在杂物院附近，自成一区。同时，像库房、配电间这类有一定危险的房间要有明确的标志，防止幼儿闯入，避免安全事故。

三、幼儿园的设备要求

《幼儿园工作规程》提出：幼儿园应配备适合幼儿特点的桌椅、玩具架、盥洗卫生用具，以及必要的教具、玩具、图书和乐器等。幼儿园的各种设备是幼儿生活、游戏以及其他教育活动顺利开展的物质保障，对幼儿的健康成长有着重要的影响。

（一）幼儿园设备的配置标准

1. 适宜性

幼儿园设备的配置要符合幼儿身心发展特点，适应各年龄段幼儿的生活、学习需要，满足幼儿主动探索、自主构建的需求。比如，幼儿的椅子和桌子的高度应适宜，过高、过矮都会影响幼儿的健康成长。

2. 卫生性

对于一些幼儿经常接触的设备材料，幼儿园要选择便于清洗和消毒的，并且定期组织人员进行清洗和消毒，从而保障幼儿健康成长。

3. 安全性

确保安全是幼儿园重要工作之一。幼儿园设备，尤其是幼儿经常能接触的物体，其构造应该是表面平整、光滑，没有尖锐的棱角。设备要定期检查和维护，避免松动、老化等不安全因素。

4. 实用性

幼儿活动量较大，对物体又缺乏充分的保护意识，所以要优先选择一些耐用、结实的物质材料。比如，桌椅需要经常搬动，很容易摔坏，从节约经费和使用的角度考虑，应选择坚固耐用的。

5. 多功能性

从节能、环保、经济的角度，幼儿园的设备最好具有多功能性，这样既可以节省一部分经费和空间，还可以丰富幼儿的活动，发挥幼儿的主体性，激发幼儿的创造性、想象力和探索精神。比如墙壁边竖立的一排柜子，展开后能成为一排小床，一物多用。

（二）幼儿园主要设备的具体要求

幼儿园主要设备的构造、样式、数量、布局及使用方法都有一定的要求，要考虑幼儿的身心发展特点和年龄特点，同时要便于保教人员的整理和清洁。

1. 活动室内的设备要求

（1）桌椅

桌椅是活动室内幼儿经常使用的主要设备，幼儿用桌椅学习、进餐以及进行其他活动。幼儿园的桌椅应根据幼儿的年龄和身高比例进行设计。桌椅应采用正规的尺寸和比例，使幼儿保持正确的坐姿，起到保护视力和促进骨骼正常发育的作用。

一般来讲，身高相差 10 厘米以内的幼儿可以使用同一规格的桌椅。制作桌椅的材料应该使用环保材质，光滑且没有棱角，与幼儿的身高相适宜，每班不必强求同一标准，应根据实际情况而定，尤其要考虑个别特殊情况，如身高过高或体重过大的幼儿。

（2）玩具、教具

幼儿园的玩具、教具是幼儿认识世界、了解世界的重要工具，对幼儿的发展起着举足轻重的作用。幼儿园对玩具、教具的配备原则上要以"0~3 岁"和"3~6 岁"两个阶段分别呈现，具体配备要求和内容可以参考《幼儿园玩教具配备目录》，但不拘泥于该目录。玩具、教具的配备可以因地制宜，运用无污染、无毒的废旧材料自制玩具、教具，尤其要注重开发生态玩具，比如沙包、陀螺、毽子等。

活动区的橱柜宜采用开放式，其尺寸规格和数量应与幼儿人数、身高相适应，以幼儿方便自由取放为准。活动区应根据幼儿发展的需要和认知水平创设游戏区、表演区、音乐区、建构区、美工区、木工区、图书区、益智区、科学区、自然观察区等，配备足够的操作材料，并随幼儿认知水平的提高、季节变换等及时更换材料。

2. 寝室内的设备要求

寝室内主要是配备供幼儿午休的单层或多层床或折叠床等。幼儿应使用木板床为宜。每名幼儿一张床。床的长度应符合儿童身高要求，如大班使用固定式双层床时，总高度不应高于 120 厘米，方便幼儿上下，四周设高度不低于 30 厘米的护栏，床体要沿墙体摆放，充分利用和节省空间。寄宿制幼儿园应设置专用寝室，配备固定式单层床、不同照度的灯具和幼儿专用衣橱、被褥等。被褥的规格要适合幼儿，便于幼儿自行整理。有条件的幼儿园要安装紫外线消毒灯，并且要有专门的负责人员严格控制消毒灯的使用。寝室内设有教师值班设施。

3. 盥洗室的设备要求

盥洗室要配备与儿童的身高、数量相适应的梳洗镜、洗手盆和防溅水龙头。儿童每人一条小毛巾，毛巾之间要有合理间隔，并以安全方式悬挂。清洁用具、消毒用品应存放在儿童无法直接接触到的地方，并有专用标志。盥洗室内要有热水器等设备，以便冬天时幼儿可以用温水洗手。

第三节　开办幼儿园的人员配备与其他准备

一、开办幼儿园的人员配备

幼儿园配备的工作人员要"数量足、质量高、职责明、合作好"。幼儿园工作人员是幼儿园筹建中最重要的因素，其业务能力决定着幼儿园的保教水平，幼儿园工作人员的素质是创办优质幼儿园的关键因素之一。《幼儿园工作规程》提出幼儿园应按照编制标准设园长、副园长、教师、保育员、医务人员、事务人员、炊事员和其他工作人员。

（一）幼儿园人员配备的原则

1. 优势定位原则

优势定位原则是指"用人所长"，并使其弱点减少到最小。"全才"不常见，每个人都有自己的长处和短处，有其总体的能级水准，同时也有自己的专业特长及工作爱好。优势定位内容有两个方面：一是指人应根据自己的优势和岗位的要求，选择最有利于发挥自己优势的岗位；二是指管理者也应根据优势定位原则将员工安置到最有利于发挥其优势的岗位上。

2. 能级对等原则

合理的人员配置应使人力资源的整体功能强化，使人的能力与岗位要求相对应。幼儿园的岗位也有层次和种类之分，它们占据着不同的位置，处于不同的能级水平。每个人也都具有不同水平的能力，在纵向上处于不同的能级位置。岗位人员的配置要求每一个人所具有的能级水平与所处的层次和岗位的能级要求相对应，避免出现大材小用或小材大用等现象。

3. 动态调节原则

动态调节原则是指当人员或岗位要求发生变化的时候，要适时地对人员配备进行调整，以保证始终使合适的人工作在合适的岗位上。人对岗位的适应有一个实践与认识的过程，由于种种原因，使得能级不对应，用非所长等情形时常发生。因此，如果搞一次定位，一职定终身，既会影响工作又不利于人的成长。能级对应，优势定位只有在不断调整的动态过程中才能实现。

4. 内部为主原则

"千里马常有，而伯乐不常有。"幼儿园的管理者应该在内部建立起人才资源的开发机制，实行人才激励机制。如果只有人才开发机制，没有激励机制，幼儿园的人才就很可能外流。幼儿园的管理者应从幼儿园内部培养人才，给有能力的人提供机会和挑战。但这并不意味着排斥引入外部人才。当需要引入外部人才时，幼儿园的管理者切忌"画地为牢"，视野局限于单位内部。

5. 经济效益原则

幼儿园教职工等工作人员的配备要以实际工作需要为依据，以保证保教质量以及经济效益的提高为前提，人员的配备要适量。幼儿园不能盲目地扩大职工队伍，造成人浮于事的局面，当然也不能极力压缩人员，出现人手短缺的境地。

（二）幼儿园的人员配备

1. 保教人员

幼儿园保教人员包括专任教师、保育员以及医务人员。《幼儿园教职工配备标准（暂行）》规定幼儿园应根据服务类型、幼儿年龄和班级规模配备数量适宜的专任教师和保育员，使每位幼儿在一日的生活、游戏和学习中都能得到成人适当的照顾、帮助和指导。

（1）专任教师

①专任教师应具备的任职条件。

《幼儿园工作规程》规定：幼儿园教师应是具有幼儿师范学校（包括职业学校幼儿教育专业）毕业程度，或取得幼儿园教师专业合格证书者。幼儿园可以参考《幼儿园教师专业标准（试行）》聘任幼儿教师。一支高质量的教师队伍是实现幼儿教育目标的重要保障。

②专任教师的数量要求。

全日制幼儿园每班配备 2 名专任教师或 3 名专任教师；半日制幼儿园每班配备 2 名专任教师；寄宿制幼儿园至少应在全日制幼儿园基础上每班增配 1 名专任教师；单班学前教育机构，如农村学前教育教学点、幼儿班等，一般应配备 2 名专任教师。招收特殊需要儿童的幼儿园应根据特殊儿童的数量、类型及残疾程度，配备相应的特殊教育教师。专任教师的数量应相对稳定。

（2）保育员

①保育员应具备的任职条件。

保育员是在幼儿园里主要负责幼儿的生活管理、卫生保健的人员。国家要求保育员具备初中毕业以上的学历，受过幼儿保育的职业培训，能履行幼儿保育员的职责。把保育员的学历定在初中毕业以上，保证了保育员的基本文化素质。同时，保育员要接受幼儿保育的职业培训，须具有爱心、耐心、细心、责任心等专业素质。

②保育员的数量要求。

全日制幼儿园每班应配备 1 名保育员；半日制幼儿园有条件的可配备 1 名保育员；寄宿制幼儿园至少应在全日制幼儿园基础上每班增配 1 名保育员。

由于各地教育发展存在巨大差异，幼儿园应根据当地学前教育发展的实际情况，设置教师岗位类别和数量，满足保教工作的需要和幼儿园发展，确保在教师进修、支教、病产假等情况下有可供临时顶岗的保教人员。

（3）卫生保健人员

①卫生保健人员应具备的任职条件。

托幼机构应当聘用符合国家规定的卫生保健人员。卫生保健人员包括医师、护士和保健员。在卫生室工作的医师应当取得卫生行政部门颁发的医师执业证书，护士应当取得护士执业证书。在保健室工作的保健员应当具有高中以上学历，具有托幼机构卫生保健基础知识，经过卫生保健专业知识培训，掌握营养膳食管理、传染病管理和卫生消毒等技能。托幼机构卫生保健人员应当定期接受当地妇幼保健机构组织的卫生保健专业知识培训，并对机构内的工作人员进行卫生知识宣传教育、疾病预防、卫生消毒、膳食营养、食品卫生、饮用水卫生等方面的具体指导。

②卫生保健人员的数量要求。

托幼机构聘用卫生保健人员应当按照收托 150 名幼儿至少设 1 名专职卫生保健人员的比例配备卫生保健人员。收托 150 名以下幼儿的托幼机构，应当配备专职或者兼职卫生保健人员。

2. 办公人员

（1）幼儿园园长

《幼儿园教职工配备标准（暂行）》提出 6 个班以下的幼儿园配备 1 名园长；6~9 个班级的幼儿园不超过 2 名园长；10 个班级及以上的幼儿园可配备 3 名园长，其中园长 1 名，副园长 2 名。

（2）财务人员

幼儿园的财务人员须有会计从业资格证书以及相关的经验，遵纪守法，严格执行幼儿园的规章制度，认真工作，有提高财会工作质量的责任心和严谨工作态度，正确核算各项费用。小型幼儿园可配备 1 名会计和 1 名兼职出纳，大型幼儿园可配备 1 名会计和 1 名出纳。

3. 其他配备人员

（1）炊事人员

幼儿园的炊事人员要求个人卫生干净整洁、身体健康、无疾病、有健康证明。具备初中以上学历，具有厨师资格证者为佳。幼儿园应根据就餐幼儿人数配备适宜的炊事人员。每日三餐一点的幼儿园每 40~45 名幼儿配 1 名炊事人员；少于三餐一点的幼儿园酌减；在园幼儿人数少于 40 名的幼儿园应配备 1 名专职炊事员。

（2）保洁人员

幼儿园的保洁人员要求身体健康、爱岗敬业、尊重幼儿、勤俭节约、有良好的团队意识等。幼儿园的保洁人员须根据幼儿园实际需求配备。

（3）安保人员

幼儿园的安保人员应配备警用防暴头盔、对讲机、防刺服以及警棍等设备。安保人员在幼儿离园和入园的前一小时穿戴上述装备进行安全巡逻，每次负责巡逻的保安不得少于 2 名，并且要明确责任人和任务分工。小型幼儿园至少每园配备 1 名专职保安，大型幼儿园至少配备 2 名保安。

二、开办幼儿园的其他准备

(一) 幼儿园的命名

幼儿园的名字伴随着幼儿园的发展，是一所幼儿园的符号和象征，幼儿园名字有时能够反映幼儿园的特色和办园理念。开办一所幼儿园要给幼儿园起一个好的名字。

1. 以教育特色命名

幼儿园的名称直接突出了幼儿园的办园特色。比如有的幼儿园以艺术为特色，叫"×××艺术幼儿园"；有的幼儿园以双语为特色，叫"×××双语幼儿园"；有的幼儿园以蒙台梭利教育为特色，叫"×××蒙台梭利幼儿园"等。

2. 以企业名字命名

有些企业为了扩大自己的经营领域，或服务员工及社会，树立自己的企业形象，也会涉足幼教领域。借助企业公司的名字命名比较容易打造品牌。也有很多事业单位建立自己的附属幼儿园，幼儿园的命名借助单位名称。

3. 以社区名字命名

房地产商在开发社区时，为社区起了寓意较好的名字，这种名字一般会比较好听而且响亮大气。因此，以社区名字命名幼儿园最直接、最省力，会起到相辅相成、事半功倍的效果。

4. 以字母或数字命名

以字母和数字来命名显得既简练又独特，令人记忆深刻。除了便于记忆以外，还有深刻的寓意在里面，比如三之三幼儿园。三之三代表幼儿教育划分为 0~3 岁和 4~6 岁两个不同的教育阶段。两个数字表达了教育一体化特点，可谓简洁明快、耐人寻味。

5. 以体现童真童趣命名

幼儿园的名称中体现了鲜明的儿童特点或者有幼儿非常喜欢的卡通形象，比如阳光宝贝幼儿园、大风车幼儿园、长颈鹿幼儿园等。

综上所述，给幼儿园起名字要遵循一个原则：形象生动、好听好记，避免使用生僻字、多音字、易读错音的字或难以辨认的字，也要避免侵权的问题。幼儿园的管理者应该早一点为自己的幼儿园命名，方便交流、形象宣传和信息发布。

(二) 宣传与招生

如果把幼儿园的基础行政管理看作是剑把，把教学软硬件的建设看作是剑身，那么宣传与招生工作就是剑刃。剑把不扎实牢靠则挥之无力，剑身不丰厚则难成气势，剑刃不锋利则难有成效，三者既紧密结合，又相互独立。宣传与招生工作并非一日一事之功，只有做好了"十年磨一剑"的准备，招生宣传才会更容易。幼儿园的招生，尤其是公立幼儿园，应坚持"信息公开，操作公正；相对就近，免试入园；规范管理，严格监督"的原则。

1. 招生宣传与招生简章

幼儿园成功的招生有赖于宣传的内容和方式，在宣传工作中，园长要面临宣传地点的确定、材料的制作、公共关系的建立以及广告招生的费用等诸多问题。

（1）宣传对象

幼儿园在决定宣传方式和地点之前，必须明确哪些家长是宣传的对象。如果一个幼儿园的生存主要依靠学费，那么幼儿园的宣传对象应定位在能够承受学费的家庭。宣传具有针对性能使宣传工作事半功倍。

（2）宣传方式

幼儿园的宣传方式有多种，主要包括报纸、杂志、期刊广告、电视广告、电台、网络、海报以及传单等。幼儿园的宣传工作既要考虑成本问题，也要考虑到宣传的覆盖面，一般来讲，网络、电台、电视广告的涉及面较广，适合大型幼儿园的宣传招生；直接邮递宣传手册、信函，或者在橱窗展示布告，在社区的公告栏张贴宣传信息或在街道口拉横幅的方式则涉及面相对较窄，但针对性更强些，适合小区内的小型幼儿园就近招生。

（3）招生简章

招生简章是幼儿园将招收婴幼儿计划工作以简要的文字表述成文，并上报上一级行政主管部门批准备案，在幼儿园外公开张贴，使适龄婴幼儿家长见到简章后及时按简章规定到幼儿园报名办理子女入园登记手续的宣传性提纲，是幼儿园每年一次的定期大规模招生工作的开端。婴幼儿招生简章的内容包括报名条件、时间、地点、手续、招收婴幼儿入园的规模、注意事项等内容。招生简章既是婴幼儿家长为其子女入园报名的指南，也是幼儿园招生工作顺利开展的保障。

2. 招生范围与方法

（1）招生范围

每个幼儿园基于自己的规模、发展规划和影响力都有一个基本的地理辐射范围，所以幼儿园的经营有很强的地域性。一般处在城镇的幼儿园应以幼儿园为中心 3~5 公里为自然半径。根据人口密集度和竞争者的情况不同，可以灵活扩大这个范围。这个范围的形成取决于两个基本要素——家长的偏好和管理的难度。家长为了方便一般就近选择，所以幼儿园为了降低接送等管理成本通常就近招生。幼儿园经营者应对这个范围所处的地理位置、住宅与企业分布、人口数量组成和流动情况、配套设施（如公立小学）、居民经济收入状况、文化教育水平、教育观念和价格敏感度等方面尽量有一个较全面的认识。

（2）招生方法

①挖掘卖点。

卖点可以源于自身，也可以来自外部。比如来自自身的卖点，幼儿园有着科学的教育理念、优质的师资队伍、优越的硬件设施等。幼儿园周边有一个免费对外开放的公园，幼儿可以经常去该公园做户外活动等，都可以作为幼儿园招生宣传的卖点。

②有效的传播。

有效的传播方式未必是高成本的传播。"多、快、好、省"永远是传播的终极追求。基于幼教不同于一般商业领域的独特性，过分的商业化包装反而会引起家长的抵触。幼儿园应该努力提升保教质量，进而获得家长的信赖。家长的宣传才是最好的宣传。

（三）入园与编班

幼儿入园与编班工作是幼儿园管理的首要任务。入园与编班工作没有统一要求，做好入园与编班工作要注意以下要点：

1. 幼儿入园工作的特点

（1）入园工作服务性

《幼儿园工作规程》提出幼儿工作的任务之一是为家长参加工作和学习提供便利的条件，因此，幼儿入园工作首先应该为家长提供服务，其形式也应体现服务性特点。如热情接待家长、耐心回答家长的咨询问题、依据家长的需求延长幼儿在园时间等。

（2）入园检查制度性

《幼儿园工作规程》提出：婴幼儿入园前必须按照卫生部门制定的卫生保健制度进行体格检查，合格者方可入园。幼儿园是幼儿集体生活、游戏的主要场所。幼儿年龄较小，机体免疫力差，为了防止传染病的传入和蔓延，保证幼儿身体健康，幼儿入园必须进行身体检查。

2. 幼儿入园手续的办理

（1）幼儿入园登记

幼儿园在招生报名工作结束后，批准录取的幼儿随家长来幼儿园报到，并进行相关的注册手续。它是建立幼儿入园档案的基础，是新入园幼儿建立花名册的重要依据，也是幼儿园科学管理工作的体现。幼儿入园登记手续的内容包括家长填写入园登记表，幼儿健康登记卡片，预交幼儿伙食、管理、保育等费用，领取物品登记，幼儿安全保险登记，填写班级幼儿家庭情况登记表等。

幼儿园办理入园登记手续的一般程序：

①填写入园登记表。家长持录取通知及体检报告单前来登记，经审核体检报告为健康者，发放入园登记表请家长填写。

②缴纳各种费用。家长持一份入园登记表到财务室交费，财务人员凭登记表为幼儿家长办理入园费用。

③领取物品。家长凭缴费收据及用品费收据领取幼儿用品，包括幼儿个人被褥、毛巾、水杯、文具等。除了文具，其他用品需要家长标明幼儿姓名，以便班级保教人员对幼儿物品的保管和整理，同时也方便幼儿认领自己的物品。

④医务室填写幼儿健康登记卡。家长要在医务室或者保健室填写幼儿出生后的健康、防病卡片以及注射各种药物的时间、地点等，以便幼儿入园后统一进行定期免疫、防病注射。

幼儿入园登记手续是入园工作的重要环节，登记手续应该做到耐心服务、详细周到、认真审核，以确保幼儿入园后的正常生活和游戏活动的开展，便于幼儿园管理以及保教工作的顺利进行。

（2）体检

体检是幼儿入园工作的关键环节。幼儿入园体检是指由本地区幼儿保健所指定的医院对申请入园的幼儿进行规定项目的身体健康检查，其检查结果是幼儿园收托幼儿入园的依据。

幼儿入园体检一般包括身高、体重、视力、心脏功能、身体发育、智力、肺功能、传染病、骨骼、营养状况检查等内容。

幼儿入园体检工作由保健医生负责组织，保健医生收集体检报告，将体检结果如实上报园长，并建立幼儿入园体检档案。档案作为每一位入园幼儿成长健康材料，应统一保管，不合格的报告单独存放备案。

3. 幼儿园编班

幼儿园编班是指幼儿园从促进幼儿身心发展的角度出发，为使幼儿入园后更好地生活、游戏、学习，按照规定将幼儿编入不同的班级。幼儿入园编班依据《幼儿园工作规程》中关于招生编班的规定以及幼儿园自身的实际，可按年龄分别编班，也可进行混合编班。合理的幼儿性别比例有利于保教人员对幼儿开展教育教学活动，有利于幼儿身心的全面发展。幼儿园应根据全体新入园幼儿性别比例来确定每个班级的性别比例。

第二章 幼儿园管理的原则目标与过程

第一节 幼儿园管理的原则与方法

一、幼儿园管理原则的理论基础

管理原则是将管理原理具体化为工作中可以遵循的基本要求，是对管理过程客观规律的反映。幼儿园管理原则反映幼儿园管理活动的本质和规律，是要求全员必须遵守的管理行为准则，是根据幼儿园教育的任务、特点、管理规律等原理提出来的，也是实践经验的总结。

一般来说，确定幼儿园科学的管理原则需要考虑以下两方面。

（一）教育与管理的基本规律

教育科学和管理科学所揭示的一般规律是我们认识幼儿园管理规律的基本理论依据。幼儿园管理既要遵循教育基本规律，又要遵循管理的基本规律，从而正确组织教育活动和行使管理职能，以有效地实现幼儿园的预定目标。例如，依据教育要为社会发展服务和教育要适应教育对象身心发展需要的规律。管理的基本规律包括整体优化、合理组合、开放与闭合统一、动态平衡、人本和效益原理。

1. 整体优化原理

管理是对组织活动而言的。任何一个组织要实现其目标，就要把组织的各种要素，如人、财、物、时间、信息等组合成为一个有机联系的整体系统。整体所具有的性质与功能不是各个要素所能取代的，整体工作并不是各个局部工作的简单相加，而是"大于多个孤立部分的总和"。整体使组织系统对外界环境具有适应功能，同时，对系统内部也具有自我调控的功能。因此，领导者在做管理工作时，必须有整体思路，以整体优化为目标。

组织的一切工作都要从整体出发，把组织的整体目标作为一切管理措施的出发点，并作为衡量管理成效的依据，组织的任何活动均不能偏离这个总目标。

由于组织的整体目标是建立在各个要素质量的基础之上的，因此，领导者应善于系统地工作，要了解各要素各项工作的差异与特点，了解其在总体中各自的地位与作用，能够从整体出发，全面规划、统筹安排、突出重点。例如，为了组织的总目标，在资源配置上有所侧重，从而发挥最优效益，实现整体优化。

2. 合理组合原理

组合是指按照一定的方式将各个要素组织起来形成整体。相对稳定的组合也称结构。系统内部由于排列方式不同，各个要素之间的相互关系不同，于是就形成了各式各样的结构。组合方式不同，其产生的效应必然各异。组合效应是从要素组合达到整体质的飞跃所产生的效果。

合理的组合使组织具有有序性，提高聚合性，并对外界环境变化具有适应性，从而带来整体大于各个孤立部分的总和的效应。

3. 开放与闭合统一原理

开放与闭合是系统的属性，也是事物运动的两种方式。开放是指系统与系统之间，或系统与外界环境之间的相互作用，进行物资、能量、信息等的交流方式。开放对于改善系统自身的条件具有重要意义，系统在开放过程中才能得到必要的补充、修正和提高。因此，只有开放才有发展，组织在开放过程中才能不断进步、提高。闭合是指系统内部各个要素之间相互联系、相互制约和相互作用，构成一个连续的闭合回路。系统的闭合性可以使其自身具有自我调控和自我完善的功能，从而提高管理的有效性。

任何一个组织都处于社会之中，而不是孤立存在的，同时，每一个组织又作为相对独立的实体，管理者要处理好组织与外界各方面因素的关系以及组织内部各要素之间的关系，将开放与闭合统一，在开放中求发展，在闭合中求成效。

4. 动态平衡原理

事物都是处于运动发展和变化之中的。社会是一个动态的环境，环境的变化会对组织产生影响，有可能打破组织系统原有的有序、稳定和平衡的状态，带来一系列新的矛盾与问题。管理者要对组织进行调整、整顿和改造，建立起新的秩序，达到新的平衡。管理者应顺应时代潮流，掌握管理对象自身的规律，增强工作的预见性，在运动的前提下，求得相对的稳定。任何消极地抵制变化、试图维持原有状态的做法都是徒劳无益的。

5. 人本原理

现代管理的核心是人，管理的动力是人的积极性。一切管理都应以调动和激发人的积极性、做好人的工作为根本。人既是生产力中最活跃的因素，也是管理活动中最具有潜力的因素。人的能动性挖掘和发挥得如何与管理成效成正比。领导者要注重人的工作，引导组织的成员明确整体目标、各自的职责及其相互的工作关系，采取各种措施，激励各类人员的工作积极性，使其努力做好工作。

6. 效益原理

领导者和管理者在任何系统的管理中，都要讲求实效，要从社会的、经济的效益出发，为实现组织的整体目标而努力。

效益和效率是有区别的。效率是用适当的方法，较多、较快地做事；效益则是与目标连在一起的，它要求用适当的方法做适当的事，即目标明确，效率与效益成正相关。正如这个公式所表明的：效益＝目标方向×效率。良好的效益是在正确的目标指引下的高效率，是既符合社会经济的根本利益和发展方向，又有利于本组织发展的高效率。

（二）基本矛盾、关系的分析与调整

幼儿园管理实践活动中，存在着多方面的复杂的关系，涉及一系列矛盾。主要包括以下几大类关系或矛盾。

1. 幼教机构与社会的关系

幼儿园不是孤立的社会组织，而是社会系统的有机组成部分，幼儿园教育和管理的各项活动都要与社会发生联系。举办幼教机构发展幼儿教育必须考虑社会的要求，了解和明确国家、社会对幼儿教育在人才培养目标、发展方向方面的要求，对幼儿园工作任务的要求；要考虑当地经济与人口状况、自然地理条件、民俗与社会风气及家长需要等因素，协调好幼儿教育与社会的关系。

2. 工作与工作之间的关系

幼儿园管理活动要协调和处理好两类工作关系。一类为横向的工作关系，即各部门所从事的不同内容的工作，如保教中心工作与总务后勤服务，要使各项工作之间形成相互联系、相互制约与相互促进的关系；另一类为纵向的，即前后阶段的工作关系，它们之间应为相互联结、运转有序和不断递进的关系。

3. 人与人之间的关系

组织中存在着各种人与人之间的关系，如组织中个体与个体的关系、个体与群体的关系、非正式的人际关系与正式的组织关系等。其中，最突出的是领导者、管理者与兼为管理对象和工作主体的广大教职工之间的关系。如当前要正确认识和处理领导负责制与实行民主管理的辩证关系。

4. 资源的投入与工作效果的关系

举办幼儿园，实现预定的工作目标，要有一定的人力、物力和资金等的投入，然而教育资源的投入与教育工作效果未必成正比。有效的管理一定要考虑其内在关系。

对以上关系或矛盾加以分析，找出主要矛盾，对揭示管理活动的本质联系、提出处理这些矛盾和关系的指导思想、概括出幼儿园管理原则具有重要意义。

二、幼儿园管理的原则

依据教育与管理规律并针对以上几方面主要矛盾或关系的揭示和分析，我们提出幼儿园管理的五条基本原则：办园方向性原则、教养为主的整体性原则、激发积极性的民主管理原则、有效性原则与内外协调的社会性原则。这五条基本原则相互之间是紧密联系的，共同作用于幼儿园管理活动过程，在总体上对幼儿园工作起指导作用。

（一）方向性原则

方向性原则指的是幼儿园管理工作必须坚持正确的方向，即坚持党的领导和社会主义办教育方向的原则。这条原则也就是办教育的政治思想党性原则。

1. 方向性原则的意义

管理是一种有目的的活动。管理活动总是指向一定的目的、目标。幼儿园管理活动也必然朝向某种目标行进，因而毫无疑义地具有特定的方向性。社会主义政治、经济以及生产力发展状况要求幼儿园工作要与之相适应，要在目的指向上保持一致。这是幼儿教育受社会政治经济所制约的客观规律的反映。

我国是社会主义国家，处于社会主义初级阶段。要求幼儿教育要与社会主义性质相适应，在幼儿园的性质、任务上，要体现这一点，在培养人才的规格和各项工作的要求、标准等方面也要反映社会主义性质。在我国，各层次的教育的办学方向是一致的，都是为社会主义建设培育新人，促进教育对象体、智、德、美全面发展，保证党的教育方针的实现。

幼儿园担负着双重任务。《幼儿园工作规程》（以下简称《规程》）指出：幼儿园是对学龄前幼儿实施保育和教育的机构，是基础教育的有机组成部分，是学校教育制度的基础阶段。幼儿园的任务是实行保育与教育相结合的原则，对幼儿实施体、智、德、美诸方面全面发展的教育，促进其身心和谐发展。幼儿园同时为家长参加工作、学习提供便利条件。《规程》对幼儿园性质任务的规定体现了我们社会主义国家办教育的目的。双重任务就是幼教机构的工作方向。简而言之，教育好幼儿有益于未来的社会主义建设，服务家长则有益于当前的社会主义建设。

2. 贯彻方向性原则要注意的问题

贯彻方向性原则，坚持办园方向就要保证双重任务的完成。为此，幼儿园管理上要注意做到以下三点。

（1）坚持和改善党的领导

党的领导是办好社会主义幼儿园的根本保证。幼儿园中党的基层组织要切实起到保证监督幼儿园行政工作顺利进行的作用。一方面，应注意使党的路线、方针、政策特别是教育方针政策在幼儿园的贯彻执行，坚持社会主义办园方向，从而实现政治领导；另一方面，应通过发挥党组织在幼儿园工作中的战斗堡垒作用及党员先锋模范作用，在执行党的路线、方针、政策和完成党的工作任务等方面做出表率，来实现对幼儿园行政工作方向的引导。

（2）明确培养目标和树立正确的办园指导思想

目标就是一种方向。幼儿园领导者、管理者要深刻理解并引导教职工明确幼儿园的培养目标，在此基础上，提出正确的办园目标和指导思想。

要认真思考为谁服务、培养什么样的人、办什么样的幼儿园这样的大问题。办园一定要以教育效益、社会效益为根本，要以有利于儿童的健康和发展，即从教育目标的实现和满足人民群众的需要出发，搞好幼儿园的工作。要树立全局观点，使幼儿园管理与教育工作服从并服务于社会主义建设这个总目标，全面贯彻党的教育方针。对一些幼教机构在完成双重任务和培养目标方面存在的偏差，如重教轻保、重智轻德、重智轻体，以及加重儿童负担等不利于素质发展的倾向都应该有一个清醒的认识，而不应盲目跟风。要自觉抵制和消除经济体制转型期出现的一些负面效应，坚持正确的办园指导思想。

（3）注意正确思想引导和优良园风建设

幼儿园作为教育机构是培养人的场所，是建设社会主义精神文明的阵地。完成双重任务，教育好孩子、服务好家长，直接体现出幼儿园的办园思想和精神风貌。培养好人才，师资队伍素质的提高是关键。幼儿园管理者要引导全园教职工明确教育培养目标，以正确而富有感召力的办园目标统一全体教职工的意志与步调，同时要通过加强思想政治工作、强化师德教育和建设优良园风，提高教职工素质，激发全园教职工为实现全面育人目标、完成双重任务而同心同德、奋发努力。

（二）整体性原则

幼儿园是社会系统的一个组成部分。幼儿园本身也是一个整体，幼儿园是由各个部门、各项工作、各方面人员所组成的。幼儿园管理工作就是要把这些部分合理加以组合。教养为主的整体性原则指的是，幼教机构是一个系统、一个整体，是由相互作用、相互依赖的各个部分结合而成的具有特定功能的有机整体。

1. 整体性原则的意义

要实现总体效能，核心问题在于目的性。保教工作处于整个系统的中心，管理上要从实现整体目标出发，全面规划、统一指挥，合理组合幼儿园各个部门、各种因素、各个层次的力量，充分发挥整体效能，以达到最佳的管理成效。幼儿园教育为主的整体性原则可以指导我们正确处理幼儿园管理工作中整体与局部利益、主要矛盾与次要矛盾、中心工作与其他工作、教育与管理等多种错综复杂的关系。教育为主的管理原则表明：办教育应依据教育的客观规律，是一条教育性原则，也是一条管理原则，同时也反映了管理工作的规律。

2. 贯彻整体性原则要注意的问题

（1）树立全局观念，强化整体意识

幼儿园是社会系统的组成部分，幼儿园工作要服从并服务于国家的整体目标和利益。幼儿园本身也是一个相对独立的整体，有着自己的整体目标和利益，因而幼儿园各部门、各项工作等都要服从和服务于这一整体目标和利益。幼儿园一切工作要从全局出发，要明确总体目标，要正确认识整体与局部的辩证统一关系，强化整体意识。管理上要处理好分工合作与统一指挥的关系，要实行明确分工并加强联系配合，从整体着眼做好各部门的各项工作；同时又要实行集中统一指挥、统筹兼顾协调行动，及时发现和解决问题，使幼儿园整体运转正常。

（2）教养为主，全面安排

幼儿园以教育工作为中心。教养为主、保教结合是由幼儿园的性质、任务决定的，体现出幼儿园工作不同于普通学校教育的特点或特有的规律性。幼儿园要依据教育对象即幼儿身心发展的特点，通过教养结合的工作实现育人目的。

幼儿园管理工作必须明确以教养为主，统筹安排幼儿园的各项工作。教养为主，意味着幼儿园的主要管理人员、保教人员要把大部分时间和精力用于保教工作。幼儿园的其他各项工作、各个部门是为保证保教工作而设置的，要配合并服务于保教工作，要有利于而不是有碍于这一中心工作。领导者、管理者要经常深入教养一线，了解并指导保教工作，认真研究分析问题，推动和改进教养工作，提高质量。

教养为主并非教养唯一，管理上要在坚持教养为主的同时统筹安排，要在总体目标规划前提下，将长远目标与近期任务结合起来，将各时期主要工作或阶段性重点与其他工作或日常常规工作协调，围绕中心，带动全面，使各部门各项工作协调配合，实现幼儿园整体工作的正常运转，较好地完成保教任务。

（三）民主管理原则

民主管理原则是指在幼儿园管理中，要处理好完成工作任务和关心人的关系，同时要处理好管理者、领导者与管理对象即广大教职工的关系，调动全园各类人员的积极性，发挥管理的激励机制，较好地实现幼儿园的任务目标。调动积极性的民主管理原则也是全员参与管理的组织原则。

1. 民主管理原则的意义

人是管理的核心，现代管理强调"以人为本"的思想。幼儿园的各项工作要靠人去推动，幼儿园保育教育工作及服务家长的任务要依靠教职工特别是保教人员去完成。实现组织的任务目标，关键是调动各类人员的积极性。不仅要发挥领导者和管理者的积极性，还要全力调动和发挥广大群众的积极性，要尊重教职工的民主权利，确保他们能够参与幼儿园的管理工作。

幼儿园管理工作的民主性原则，是由我国社会主义制度决定的，是我们党的群众路线和民主集中制原则在幼儿园管理工作中的体现，反映了人民群众是历史的创造者的客观规律，可以指导我们正确处理幼儿园中领导与群众、集中与民主、组织与个人之间的关系。

2. 贯彻民主管理原则要注意的问题

（1）树立群众观点，坚持群众路线

幼儿园管理一方面必须坚持党性原则，坚持办园的社会主义方向性原则；另一方面，必须坚持群众路线原则。应明确党性原则、社会主义办园方向是符合广大人民群众，包括幼儿园教职工的根本利益的，教育事业是党的事业、人民的事业，二者是一致的。管理工作中一定要相信、依靠群众，密切联系群众，要注意处理好管理者与管理对象的关系。应当认识到，广大教职工既是管理的客体，又是管理的主体，是实施教育等各项工作的主体；同时，管理的主体与客体又是相互依存并在一定条件下可以相互转化的。当前幼儿园实行园长负责制，要对幼儿园行政与业务工作全面负责，园长是代表人民的利益、教职工的利益和组织的利益行使权力，而不是个人的权力。

搞好幼儿园管理并不仅是领导者、管理者的事，还应依靠全体教职工，实行民主管理，调动其关心、参与事业的积极性。要深入群众，注意听取他们的意见，集中其智慧和力量，才能实行有效的管理。

（2）在组织上为群众参与管理创造条件

民主管理需要有一定的组织和制度作为保证。要在组织上为群众参与管理创造条件，使"群众是企业事业的主人"从口号或观念形态转变为具体现实，改变群众以往当家不做主的状况。

实行民主管理首先应当建立群众监督咨询的组织和制度。例如，定期召开教代会、职工代表大会、园务会、党政工团联席会等，讨论幼儿园的工作和问题，沟通管理者与群众的关系。使教职工群众对幼儿园的重大决策有审议权，有机会参与讨论和做出决定；对行政干部和领导管理人员有评议监督权；能维护自身正当合法的权益。此外，幼儿园在制度上要保证有能代表教职工意愿的人选进入各级领导班子。

幼儿园各项工作的开展要走群众路线，坚持广泛听取群众意见、建议，做到从群众中来，到群众中去。在发扬民主的基础上，集中正确意见，科学决策。幼儿园领导者应实行园务公开的制度，使广大教职工对幼儿园工作有知情权。要通过多种形式鼓励教职工出主意、提建议，如设意见箱、开展合理化建议活动、召开小型会议及个别访谈等。要重视工会在幼儿园民主管理中的作用，工会是教职工自己的组织，代表广大群众的利益，可以配合幼儿园做行政工作，发挥其沟通领导管理者与群众关系的桥梁作用。实行民主管理要注意在实践中不断探索，积累经验，创造出新的更多有效的形式。

（四）有效性原则

管理的根本目的在于提高效率，要以最小的投入创造出更多、更好的经济效益和社会效益，为社会做出有价值的贡献，充分发挥管理的生产力职能。

1. 有效性原则的意义

幼儿园管理的有效性原则是指，幼儿园管理要在正确的目标指导下，通过科学管理，合理组织幼儿园人力、物力、财力等资源，充分挖掘潜力，讲究经营，高质量、高效益地实现培养目标，完成幼儿园双重任务。

要讲究管理工作效益，就要注意研究人力、物力、财力等资源的投入或劳动耗费带来了多大的效用、"功能"，管理工作完成目标和任务的效率，管理活动的整个效果如何。搞教育、举办幼儿园无疑也有效益问题，不仅有社会效益，也有经济效益，要计算投入产出的关系。从我国"穷国办大教育"的实际来看，讲究教育的社会效益和经济效益具有重大的现实意义。要把幼儿园工作纳入真正的科学管理轨道，就要遵循教育和管理规律，以科学的态度和方法来研究和处理幼儿园管理中的问题，有效利用各种管理资源。

2. 贯彻有效性原则要注意的问题

（1）树立正确的教育质量观、效益观

幼儿园以育人为目的，一定要树立正确的人才观、教育质量观，要关注社会发展的需要，明确社会对未来人才规格的要求。育人的数量与质量是衡量幼儿园效益的根本标准，幼儿园最终要以其"产出"（主要是培养的人才是否为社会所认可和欢迎）体现其价值。提高幼儿园管理工作效益的关键是要使幼儿园培养的人才为社会所接受，使人才数量与规格适应并符合社会的需求。

幼儿园要通过合理组织、有效运用有限的教育资源，提高管理的功能效益，较好地实现组织的目标、任务，提高保教质量，促进更多的幼儿在体、智、德、美等方面全面和谐地发展。要注意将资金的投入配置使用与教育目的、办园效果结合，突出其使用的意义与价值，实现社会效益与经济效益的统一。管理工作中，要把多（数量多）、快（速度快）与好（质量好）、省（成本省）统一起来，要把凡事讲效率、效益作为幼儿园工作的重要指导思想。

（2）建立合理的组织与制度，使幼儿园工作规范化、程序化

管理是对组织而言的。幼儿园要有合理的组织机构，并不断完善；要明确幼儿园的任务目标，建章立制，形成管理层次清楚、职责分明、既统一领导又分工协作的科学管理系统；要做到机构简、人员精，提高组织的功能和效益。

要建立健全以岗位责任制为核心的各项规章制度，包括全园性制度与部门性制度，以及考核评价奖惩制度，并形成规范，建立起稳定、正常的工作秩序。应做到定岗定员、责任到人，并将各类人员的职责权力统一起来，通过对其行使职权承担责任的结果进行考核评价，奖优罚劣，给予相应的利益，使制度起到规范组织中各类人员行为和活动的管理手段的作用。

实现有效管理还要加强幼儿园工作的计划性，避免盲目随意性。可以通过计划将各部门、各方面工作有机联系和组织起来，形成前后连贯、环环相扣的系列，使幼儿园管理活动依动态过程顺利展开，从计划的制订，到组织实施，以至检查和总结构成完整的管理活动周期，依照科学程序不断运转，将幼儿园工作不断推向前进，不断提高工作质量和效率。

（3）有效组织和利用资源，实现经济效益优化

以有限的人力、物力、财力等条件，最大限度地发挥其作用，以最小的代价获得最佳的效果，这是管理的意义之所在。效率和效益是管理所要追求的目标。幼儿园管理要进行教育成本核算，讲究经营，注意计算经费投入或人力、物力等资源的耗费与培养人才和办事效果之间的关系，要考虑如何发挥教育投资的经济效益问题。幼儿园管理要注意分析所拥有的人力、物力、财力等资源，做到合理配置、有效利用。

（五）社会协调性原则

幼儿园作为教育机构不是一个孤立的社会组织，而是整个社会系统的一个组成部分，与社会密切联系。

1. 社会协调性原则的意义

随着时代的发展，幼儿园与社会的联系日益密切，其生存与发展受到社会外界各方面因素的制约。幼儿园管理活动是在同社会各个方面的交往中进行的。特别是在当前改革开放、市场经济逐步确立的新形势下，幼儿园必须面向社会，开拓发展，否则，管理工作在封闭体系中孤立进行，必然没有出路。

幼儿园管理的社会协调性原则是指，幼儿园是社会的一个组成部分，幼儿园管理要注重与社会的联系，通过内外协调，充分利用有利条件，尽力排除不利因素，在幼儿园内外相互作用与影响下，不断提高保教工作质量和管理水平。

2. 实施社会协调性原则要注意的问题

（1）正确认识组织与环境的关系，树立面向社会办园思想

现代管理学不是孤立地研究管理现象，而是注重把管理置于一定环境和社会文化背景之中，考察其间的相互制约、联系与影响，强调组织的效率取决于组织与环境的适应性。幼教机构要搞好管理就要注意分析幼儿园内外的动态矛盾，主动了解社会环境的变化，有意识地自我调控，与环境保持平衡。

幼儿园作为一个社会组织，要为社会主义建设服务，这也是我国教育方针的要求，是教育机构的社会功能。要实现这一目标，不仅需要全国教职工的努力，还必须调动和协调社会各方面因素，开放办园。管理者、领导者要关注社会政治、经济、文化的发展状况，了解改革的趋势，要对所在社区政治、经济、文化的发展以及社区居民对教育需求的变化做认真的分析研究，并结合幼儿园实际，确定正确的办园思路。

（2）增强联系，搞好协调，实现双向互动

幼儿园要充分认识并处理好幼儿园内部与外部的各种关系。对内要处理好各部门各类人员及各项工作之间的关系，使教育管理有秩序地开展，搞好育人工作，不断提高保教质量。

同时，要注重对外联系，搞好社会协调，处理好幼教机构与其他社会组织、所在社区及方方面面的关系，在相互交往中协调发展。例如，对党和政府部门的方针政策，特别是教育方针政策和有关法令、管理条例、规章等要及时准确地了解，认真学习理解并结合幼儿园实际加以贯彻执行。

对上级行政部门要主动介绍情况、反映问题、提供信息并争取得到其支持、领导。对其他幼教机构的同行及相关研究单位要多交流、研讨，相互学习、支持。幼儿园要注重家长工作，密切家长与幼儿园的联系和沟通，提供帮助指导，更好地发挥家长和家庭教育的作用，实现配合一致的教育。幼儿园还要注意考虑所在社区自然地理环境、文化经济条

件、社会风俗、生活方式等特点，发挥地方优势和组织有利因素，避免消极因素，为幼儿园发展争取较好的社会环境。幼儿园要注意依靠社会力量办好幼儿园，搞好教育，同时还要发挥教育机构的优势面向社会做好宣传教育工作，自觉参加社会服务的活动，以发挥社会功能，实现双向互动和服务。

综上所述，以上五条基本的管理原则相互之间是紧密联系、相互制约的，是不可分割的整体，共同作用于幼儿园管理过程。坚持正确的目标方向是管理的根本问题，体现幼教机构管理的社会属性，幼儿园自身是一个整体系统，同时又作为社会大系统的一个子系统，必须贯彻社会协调性原则与教养为主的整体性原则，才能正确处理幼儿园与社会环境、幼儿园内部各个要素与整体的关系。这些是关系到幼儿园管理的全局性问题。

要有效地实现育人目标和办好幼儿园，必须依靠群众，贯彻民主性原则，调动全园教职工的积极性，激发主体意识。要使幼儿园工作有效运转，提高质量效益，就要有组织上的保证。幼儿园管理要注重组织和制度的建设与完善，规范各类人员的行为，形成良好的工作秩序，要加强师德教育，建设良好园风，还要合理调配，使有限的资源发挥最大效益，最终较好地实现为社会培养更多优质人才的目标。

幼儿园管理者要在管理实践中，加深对这五条原则基本精神的理解，并将这几方面原则作为完整的体系，加以综合运用，以取得良好的工作效果。

三、幼儿园管理的方法

幼儿园管理方法是实现幼儿园管理目标，开展管理活动所采用的各种手段、措施和途径等的总和。幼儿园管理方法受一定的管理思想和管理原则的指导，并与幼儿园各项管理工作的内容相适应。

幼儿园领导者在管理活动中，不但要有正确的办园思想、明确的管理目标，而且要学习与运用科学的管理方法。不解决方法问题，完成任务只是一句空话。

在现实的幼儿园管理中，有些园领导虽然有做好工作的强烈愿望，也有脚踏实地的精神，但往往由于单凭工作热情，而忽视研究管理工作的客观规律，不讲究科学的管理方法，因而达不到预期的效果，反倒事与愿违。实践证明：方法正确，管理工作就事半功倍；反之，必然事倍功半，甚至适得其反。可见，幼儿园领导认真研究和正确运用管理方法，对于提高幼儿园管理成效、实现管理目标具有十分重要的意义。

一般来说，幼儿园管理的方法主要有以下四种。

（一）行政方法

行政方法是指幼儿园管理者依靠各级组织机构及其赋予的权力，通过发布行政指令的方式,直接对教职员工产生影响的管理手段。

1. 行政方法的意义

按照行政方法,幼儿园中的各级各类组织及其人员的职责和权力范围是有严格规定的,各级之间的关系是明确的。行政方法的核心是各级组织及其管理者一定要有职、有责、有权、有能力。如果职责与权力脱节、职务与能力相脱节,就会影响行政方法的有效性。可见行政方法就意味着上级对下级有指挥和控制的权力,下级对上级有服从的责任和义务。

任何一种社会性活动,特别是管理活动,如果没有一定的权威和服从,都是不能存在的。如果每个人想干什么就干什么,那就不会有共同的目标和协调一致的行动,也就不会有社会性组织及其活动的存在。因此,从这个意义上讲,行政方法对任何一种管理都是有必要的。

2. 行政方法的特点

（1）权威性

行政方法是以依靠上级组织及其管理者的权威和下级及其被管理者的服从为前提的。上无权威、下不服从,就无法保证共同目标和共同活动,行政方法也就失去了应有的作用。

（2）强制性

幼儿园组织及其管理者在管理过程中有权对下级的行为进行强制性的干预。对被管理者不服从指令的行为,管理者有权进行制裁性处理。强制性是行政管理令行禁止的必然要求。

（3）单向性

行政手段的传递是垂直单向的,上级对下级发出指示、命令等,下级执行。

（4）无偿性

采用行政方法进行管理,幼儿园内所进行的各部门之间的人、财、物、信息等调配和使用不考虑价值补偿,一切根据行政管理的需要统一调配。

3. 行政方法的作用

行政方法在幼儿园管理中具有重要作用,采用行政方法可以使纵向的信息比较迅速地传递到下级执行者,各种管理措施发挥作用比较快,能够集中统一地使用和灵活地调动人、财、物、信息等资源,保证幼儿园内部上下级行动上的一致,有利于加强有效控制,按照管理的意图办事。

（二）经济方法

幼儿园管理的经济方法是指幼儿园管理者运用各种经济手段，调动教职工的积极性，对教职工的行动进行管理的方法。

1. 经济方法的意义

幼儿园管理的经济方法是根据教职工的工作表现和实际成绩以及按劳分配的原则，运用工资、福利、奖金、罚款等经济手段的杠杆，组织调节和影响教职工的行动，以提高幼儿园管理的效率，促进幼儿园管理目标的实现。

物质利益是人们工作的基本动因之一。经济方法的实质是物质利益原则，即运用经济手段不断调整各方面的物质利益关系，把个人利益与集体利益结合起来，从而提高全员工作的积极性和责任感。

近年来，随着社会主义市场经济体制的建立，随着幼儿园管理体制改革的不断深化，实践证明，经济方法在幼儿园管理中的运用是一种客观要求，它是调动广大教职工的积极性、提高幼儿园管理成效的一种有效的方法。

2. 经济方法的特点

（1）利益性

承认个人物质利益及其差异，把教职工的工作业绩与个人物质利益直接挂钩，用物质利益作为一种杠杆调节教职员工的工作行为，是经济方法的根本特点。

（2）有偿性

经济报酬是根据"按劳分配，多劳多得"的原则进行分配的，付出得多、干得好，得到的经济报酬就多。教职工的额外工作是一种有偿性的劳动，应得到一定的补偿。

（3）平等性

体现在经济利益（工资、福利、奖金及罚款等）是根据统一的价值尺度，按照职工的工作成绩来计算和分配的。在工作效率和效益面前，人人都是平等的。

（4）间接性

经济方法不直接干预人们的行为，而是通过物质利益的调整间接地影响人们的行为，至于教职工究竟会采用何种行为，则完全由他们自己决定。

3. 经济方法的作用

经济方法的最大作用是把人们的个人利益与他们的工作业绩以及幼儿园整体效益直接联系起来，使教职工看到自身工作的利益所在，有利于激发他们的工作积极性。此外，这种方法有利于消除平均主义、"大锅饭"的弊端，促进幼儿园内部各部门员工之间的有效竞争，从而有利于幼儿园工作目标的实现。

（三）思想政治教育方法

幼儿园管理的思想政治教育方法是指用共产主义理想道德，正确的人生观、价值观，教育、动员教职工，以提高他们的思想政治觉悟和贯彻党的教育方针和政策的自觉性，培养他们良好的职业道德和高尚的情操，从而保证幼儿园各项工作任务顺利完成的方法。

1. 思想政治教育方法的意义

幼儿园管理的核心是对人的管理。在同样的条件下，人的思想状况不同，工作成绩大小是不一样的。思想政治教育方法的实质正是通过提高或改变教职工的精神面貌，调动他们的积极性，进而提高他们的工作效率和质量。我们在幼儿日常工作中可以看到，人的思想素质不同，工作的效果和质量也不同。坚定的信念、崇高的理想、良好的思想道德品质、高尚的情操成为他们献身幼教事业并不断做出贡献的强大精神动力。因此，加强对教职工的思想政治教育工作是幼儿园管理的客观要求。

2. 思想政治教育方法的特点

（1）启发性

思想政治教育方法并不直接干预和决定人们的具体行动，而是通过思想和价值观的导向，使教职工正确地选择该做什么及怎样去做。一般来说，幼儿园领导者的宣传越符合真理，并晓之以理、动之以情，就越能说服被管理者，从而导之以行。

（2）长期性

长期性表现为过程的长期性和效果的长期性两个方面：一方面，转变人的思想过程不是一朝一夕所能完成的，需要长期不懈地努力；是一个渐进的过程。另一方面，一旦形成良好的思想品德和正确的价值观，政治觉悟得到提高，就会持久稳定地对人的工作产生积极的影响。

（3）复杂多样性

人的思想多种多样，不同的人需要不同的对待，同一个人的思想在不同环境中也会发生变化。人的思想的这种复杂多样性，决定了思想政治工作方法具有复杂性和灵活性的特点。

思想政治教育方法在实际工作中发挥着十分重要的作用。它通过动员群众、组织群众、教育群众，提高教职工的政治思想素质，促进教职工主动、积极、努力地工作。可见，思想政治教育方法对坚持社会主义办园方向和全面贯彻党的教育方针和幼教规程起着保证作用。

3. 运用思想政治教育方法应注意的问题

（1）正确认识思想政治教育方法的局限性

思想政治教育方法只是通过思想和精神因素间接影响幼儿园的管理工作，不是直接决定管理的过程。它对幼儿园管理过程中一些有关业务问题、社会心理问题，尤其是需要立即改变行动的问题，并不能有效地加以解决，因而这一方法并不是万能的。

（2）思想教育的内容要有科学性

科学靠的是真理和知识的力量。把思想教育的内容当作是一个完整的科学体系，紧密联系教育领域的方针、政策，联系新中国半个世纪以来的巨大变化，特别是改革开放以来我国取得的举世瞩目的成就，联系教职工的思想和工作实际，全面地学习、宣传，就能够有效地提高全园教职工的思想觉悟，振奋精神，做好工作。

（3）思想教育的形式要注意群众性

任何进步的思想教育活动，都是群众自己教育自己、自己解放自己的自我认识活动，因此，思想工作必须废止那些强迫命令、教条主义的说教形式，而要采用教职工喜闻乐见的形式，采用讨论式、商量式、启发式等民主方法，把教职工吸引到思想教育中来，使他们成为思想教育的主人。

（4）思想教育的方法要讲究灵活性、艺术性

思想工作是一门科学。人的思想活动是有其客观规律的，幼儿园思想政治教育方法能否卓有成效，关键在于能否按照人的思想活动的规律，针对教职工的思想实际，因时、因地、因人，灵活变化、因势利导。要做到以下三点：①充分认识思想工作的长期性、艰巨性、复杂性，不要操之过急；②进行思想教育时要正确选择适当的环境，创造良好的气氛，为思想教育的可接受性创造条件；③思想工作是一门艺术，艺术是靠感染力去吸引人的，具有艺术性的思想教育工作方法，在导入真理的过程中，可以使教育更加生动、活泼、形象、直观，寓教育于闲谈之中，寓教育于娱乐之中，寓教育于日常的工作学习之中，这都是思想教育艺术性的体现。

（四）法律方法

幼儿园管理的法律方法是指幼儿园管理人员通过国家制定的各种教育的法律、法令、法规、条例和教育方针政策，对幼儿园工作进行管理的方法。法律方法也就是人们常说的"法治"。

1. 法律方法的意义

教育法律法规、法令等是把体现统治阶级意志的教育宗旨、方针、政策法律化、规范

化，以实现国家对教育的领导与控制。

长期以来，我国的教育立法和司法工作没有受到应有的重视，各级管理者也不善于运用法律手段管理教育机构，导致教育行政及教育机构内部的管理在很大程度上存在着无法可依或有法不依的现象。当前，我国加快了教育法制建设的步伐，先后颁布了《义务教育法》《教师法》《教育法》等教育法律文件。在幼教法规建设上也取得了可喜成绩，原国家教委颁发了《幼儿园工作规程》《幼儿园管理条例》两个重要的法规文件，这对促进新时期我国幼教事业健康发展起到重要的保障作用，同时也为幼儿园管理人员依法办园、依法治园提供了重要的法规依据。

在社会主义市场经济条件下，幼儿园打破了原有封闭式的办园模式，成为面向社会自主办园的独立实体。这就使幼儿园与社会多方面的联系更加密切了，涉及的法律关系也更多、更复杂了。因此，园长作为受国家委托对幼儿园全面负责的法人代表，首先，要树立很强的法律意识，成为国家法律的忠诚执行者，保证幼儿园的办园方向；其次，还要善于运用法律方法维护和保障幼儿园以及教职工和幼儿的合法权益；最后，还要善于运用法律方法对幼儿园内部进行管理。

2. 法律方法的特点

法是一种全民的社会行为规范。教育法律法规是由国家权力机关按照各自的职权范围，通过一定的程序制定和颁布的，各级组织和个人都有义务依法办事。一般来说，法律方法具有如下特点。

（1）强制性

教育法律法规明确规定人们应该做什么、可以做什么、禁止做什么。任何违反法律法规的行为都要受到国家力量强制性纠正或制裁。

（2）规范性

法律规范是社会所有有关组织和个人行动的统一准则，对所有组织和个人具有同等的约束力。法律和法规都有极其严格的语言，准确地阐明了一定的含义，并且只允许对它做出一种意义的解释。所有的教育组织和机构以及个人在法律面前都是平等的。

（3）稳定性

教育法律法规是具有普遍约束力的行为规范，因此它的制定、修改、废止都要非常慎重，从而保证法律法规的稳定性和持续性。朝令夕改，只能损害法规的严肃性和权威性。

3. 运用法律方法应注意的问题

教育法律法规是统治阶级意志的体现，其实质是依靠上层建筑的力量来影响教育、控制教育机构的管理。法律的方法并不是万能的，它只能在有限的范围（合法与违法）内调整和控制幼儿园内部的活动，事实上，在法律方法作用范围以外还存在着广泛的领域，还有大量的管理工作要做。此外，法律方法本身也有某些局限性，如刚性过强、弹性不足、缺乏灵活性等，容易导致管理系统呆板、僵化，不利于管理者根据具体情况发挥自身的主动性和创造性。

以上介绍了我国幼儿园管理工作中最常用的几种基本方法。在现实的管理工作中，各种管理方法是相互联系、相互依存、共同起作用的，任何一种管理方法的作用和效果都是有限的，而众多的方法的综合运用，则可以起到相互取长补短的作用和效果。因此，我们要整体地、综合地、优化地看待和运用这些方法，使其在管理中发挥更大的作用。

第二节　幼儿园管理的目标与过程

一、目标管理

（一）目标的定义

管理学中的目标通常是指个体、群体或组织的某一行动所要达到的预期目的，或预期结果的状态和标准。

1. 目标与规律、计划、指标的区别

目标是主观对于客观的反映，其内涵在于主观愿望与客观实际的辩证统一。人们的主观意识对客观规律有了正确的认识与反映才能制定出正确目标，因而只有顺应客观规律的目标才能付诸实现。目标存在于观念之中，反映着以各种可能性形式存在的结果，计划则反映将这种可能性转化为现实性的活动进程和"工艺"。指标则是目标的具体化和操作化。

2. 目标与价值的区别

价值是指主体与客体之间的一种实践关系，人们对这种关系的体验和认识就形成了价值观，通常成为指导人们行动的准则。目标总是同一定的价值观相联系的。不同的价值观，在对培养人的规格和教育工作的要求，以及办园质量标准的看法上有所不同。幼儿园工作目标和目标系统的确立，反映着幼儿园组织及其成员所持的价值观。幼儿园管理者要有正确的价值取向，从而确立和实现符合社会发展要求的教育目标和管理目标。

（二）目标管理的作用

目标管理是现代管理科学的重要内容，是一种先进的管理方式，对提高管理效能有重大作用。目标管理的意义或作用体现在以下四个方面。

1. 导向作用

目标属于方向的范畴，为人们展现一种经努力可达到的前景。组织的目标是组织的中心。整个管理工作必须以目标（应确立正确的任务目标）为出发点，以目标指导工作的发展方向，在管理过程中，管理者始终以目标调节、控制人们的行为，使幼儿园教育工作和管理工作有目的、有计划地开展，而不是随意盲目地进行。目标能够促使人们面向未来、努力奋进，不断作出新的成绩。

2. 激励作用

目标起着调动组织全体成员积极性的重要作用。目标管理通过层层建立目标，形成目标体系，同时目标落实到每个岗位和每个个人，将人与工作结合起来，起到激励全员行为的作用，同时也是发动全员参加管理的方式，因此能实现有效管理。

3. 具有系统性、整体性

目标管理以确立组织的总体目标为开端，进而逐步确立各个部门及个人的目标，做到层层有目标，形成组织目标与个人目标一致的系统化目标体系。管理者通过目标来动员和协调全体人员的思想与行为，齐心协力、步调一致，最终保证组织总体目标的实现。

4. 具有可衡量性

目标既是管理工作的出发点，也是终结点。管理要以目标作为评价检查工作的依据，以目标是否达到，即预期的设想是否通过组织成员的行动由观念形态转化为客观现实，形成某种有效的工作成果或结果，来衡量管理的优劣。

二、幼儿园目标的确立与管理

（一）幼儿园目标的确立

幼儿园工作包括教育工作和管理工作，它们有着各自具体而直接的目标，即教育目标和管理目标。

1. 教育目标和管理目标

（1）教育目标

教育工作是指直接作用于幼儿的一切活动，如游戏活动、教学活动、生活安排及教师所做的家长工作等，这些保教结合构成了促进幼儿全面发展的全部活动，是指向实现幼儿园教育目标的工作。教育活动的目标是指教育对象，即幼儿的培养规格，它决定着幼儿培养的最终结果，即教育对象的质量标准。育人活动是幼儿园各项活动的中心，通过这类活动完成幼儿园工作的基本任务。

（2）管理目标

教育目标是幼儿园的根本目标，幼儿园设置与存在的价值在于为社会培养出合格人才。教育目标是确立管理目标的依据，管理目标是实现教育目标的保证和前提。二者统一点在于教育目标的实现上。

教育目标是幼儿园管理的出发点与归宿。幼儿园全部工作都是为了实现教育目标，教育目标的实现又体现全部管理工作的结果。

幼儿园管理工作是组织育人活动的工作总和，即对园所、人、财、物、幼儿的组织、指导、协调、控制等，是围绕教育目标的实现而进行的一切管理活动。具体如安排班级人员、规定教师的工作制度和要求、调整各部门的关系、园所建设、办园条件改善等。这些管理活动应达到的要求和标准就是管理目标，决定着把幼儿园办成什么样子。

确立幼儿园的工作目标应有正确的办园指导思想，应注意管理目标与教育目标的一致。

2. 幼儿园教育目标与管理目标的确立

（1）教育目标的确立

教育目标是幼儿园人才培养目标，是对教育对象的培养规格和质量要求的规定，它决定着把儿童培养成什么样子。教育目标是教育系统的根本目标，反映办园、办教育带有根本方向性的问题。教育目标规定培养人的质量规格，集中反映国家、社会对新生一代的基本要求。

幼儿园的教育目标是根据国家规定的幼儿园的总目标，同时结合本园实际情况而制定的。

（2）管理目标的确立

幼儿园管理目标是幼儿园管理工作达到的标准，即为达到教育目标按质按量完成育人任务，应做哪些管理工作。管理目标关系到把幼儿园办成什么样子或规格，包括教师队伍建设的要求和为组织育人活动而进行的各项工作的质量标准。幼儿园教育目标的实现，要通过各项管理工作才能落实，管理目标是为实现教育目标服务的，要从本园实际出发，依据教育目标确立管理目标。

（二）幼儿园目标管理

1. 实施目标管理的意义

将目标管理的思想和方法引入幼儿园管理，有助于提高全面贯彻教育方针的自觉性，以目标为指导，可以使领导者摆脱事务主义的倾向，能够站在全局的高度，站在党和国家教育方针的立场上审视幼儿园的全面工作，从而有助于把握住办园方向。

实行目标管理，有利于调动教职工的积极性，使各层次、各岗位的职工都参与到管理过程中来，实行自我管理与控制，在实现组织整体目标完成工作任务的同时，个人的价值得到充分体现。

目标管理的实施，是将目标层层分解逐级落实，有利于完善和巩固责任制，确保各项工作保质保量完成。总之，实践证明，幼儿园实施目标管理，对于革除传统管理方式的弊端，提高管理水平是行之有效的。

2. 实施目标管理的程序

（1）确立幼儿园的总体目标

幼儿园实施目标管理的第一步是确定幼儿园总体目标，即幼儿园全体成员共同认定的体现园发展方向的奋进目标，包括教育目标和管理目标。

幼儿园总体目标的制定要考虑园内外环境，处理好上级指示、社会环境和本园实际三方面的相互关系。总体目标的制定应通过上下沟通，由领导者、管理者与全体成员共商，形成各方共同承认和接受的工作指向。

教育工作的周期一般较长，对幼儿实施体、智、德、美全面和谐发展的教育不是一朝一夕就能完成的。幼儿园管理即育人活动的组织工作过程也较长，涉及幼儿园各方面工作水平的提高，办园条件和师德园风面貌的改变，等等，这些都不是短时间内能有成效的。因而需要有较长时间，如三到五年的发展目标规划，这样便于从全局考虑，从整体上安排各方面的工作和措施步骤，统筹兼顾，保证目标能在规定的时间内实现。一些幼儿园在体制改革中，实行园长任期目标责任制，可以结合园长聘任期限的时间，规划设计园所发展的远景目标，一方面，可使园长对自身工作心中有蓝图、有目标，以目标自觉推动管理工作；另一方面，也可激励全园职工努力奋进，以目标调动全员积极性，引导和带领职工同心同德、团结协作，使理想付诸实现。

（2）目标层层分解，建立组织目标与个人目标一致的目标体系

确立了幼儿园管理的总目标，就明确了幼儿园管理的基本方向和宗旨。在此基础上，可以将目标层层分解，使之进一步具体化，建立目标体系。

目标分解通常要经历三个步骤：①上级宣布目标；②下级制定目标；③协商调整。整个目标体系的建立和形成应体现全员参与民主管理的特点。在目标分解时，还须实行定责授权，建立目标责任制，使个人、部门依据其工作目标，明确各自在实现总体目标中应做什么、所要协调的关系是什么、应达到什么要求，明确工作标准以及有什么样的权力和利

益。幼儿园目标体系是否有效和能否激励全员团结奋进，在于它是否能够充分地反映幼儿园全体成员的共同意志，并充分展示实现目标的有利条件。

要形成整合一致的目标体系，就应广泛听取意见和建议，创造条件使全体成员都能参与总目标制定的讨论和决策，避免目标体系成为少数人的专断产物，而能集中体现幼儿园全体成员的共同意志和利益。

三、幼儿园管理过程的实施

幼儿园管理过程指幼儿园管理者组织全园教职工，为达到预定的任务目标，以教养工作为中心，按计划、有步骤地进行的共同活动的程序。

（一）组织计划的制订

1. 制订计划的依据

计划是设计和安排未来的行为。制订计划首先要选择和确定目标、规定任务，要在对环境条件等基本情况做出分析的基础上，合理安排资源，进而制订出具体实施措施或行动方案。

2. 制订工作计划的意义

计划是重要的管理职能和管理工作的内容。作为管理的一种基本方法，计划又是管理过程的一个组成部分，是管理活动的起始环节。

计划是确定行动纲领和方案，使行为趋向于目标的管理活动。计划可以使行为指向目标，倘若没有计划，则一切行动只能任其随意发展，那么，除混乱外，将一无所获。幼儿园管理以计划为开端，进而对管理活动实行有效控制，因而计划是管理工作科学化的重要标志。

幼儿园领导应组织全园教职工共同参与制订幼儿园工作计划。一份好的幼儿园工作计划，可以使领导者全面掌握幼儿园情况，心中有蓝图，明确发展前景。对于全园教职工来说，可以使他们从组织的前景规划中受到鼓舞，明确自己的任务、职责和努力方向。

（二）组织计划的实行

实行阶段的工作内容是由计划规定的，计划中写的就是实行阶段要做的，计划确立的任务目标，通过实行成为工作成果。在实行阶段，管理者要着重抓好组织协调、指导、激励与教育等工作。

1. 组织协调

实行阶段的组织职能主要是依据计划提出的任务要求，将人力、物力及财力进行合理分配和妥善安排。其中特别重要的是人力的使用安排。管理者要注意选人得当、用人所长、人事相当。要健全组织机构，发挥组织作用，按确定的职责分工部署工作进程，并采取有力措施，使计划得以按时、按层次，保质保量落实到部门和具体的个人，保证实施。在计划执行过程中，领导者、管理者要协调部门之间或各项工作之间的步调，协调好人际关系，达到相互配合促进，要处理好上下层、级之间的相互衔接。对计划与实际不符合的情况也须予以适当调整。组织和协调工作是贯穿执行阶段全过程的管理工作。

2. 指导、激励和教育

园领导者、管理者在实行阶段应对各类人员的工作给予指导，发挥指挥者的作用，使组织的各类人员进一步明确工作目标，不断改进工作方法。例如，某园本学期的一项工作任务是迎接市有关教育行政部门的分级分类验收。园长通过对全园职工做迎接验收动员，即思想动员工作，向职工分析形势、任务，阐明各项工作的重要意义，并组织大家学习讨论，来明确各部门及个人的任务、要求及方法、步骤等。管理者要注意深入实际，了解情况，掌握工作进度、物资准备与消耗、人员思想及情绪状态等，给予具体的指导，帮助解决问题。例如，有的幼儿园依上级要求确定近期重点是开展游戏，要求各班保证时间，教师予以必要的指导。布置任务后，管理者还要通过深入班级，了解工作进行得如何、有什么困难或问题，及时予以指点帮助，使教师知道如何做，避免盲目行动，提高工作效果。

在实行计划阶段，还应注意将指导与教育激励结合起来，及时发现好人好事，给予表扬鼓励，并注意通过加强思想工作，培养和谐合作的人际关系和增强组织成员的责任感，调动大家的工作积极性，努力做好工作。

3. 实行阶段应注意的问题

（1）实行或执行计划的严肃性

计划一经制订并公布于众，就必须坚决执行，防止形式上的制订计划或为应付上级检查而制订计划。

（2）考虑计划的科学安排，加强时间观念

园领导应通过计划体系的建立，将全园各项工作全面组织起来。如，依时间确立计划系列：学期计划、月计划、周计划及每日工作安排等。计划的空间系列：全园计划、部门计划、班组及个人计划。幼儿园领导者、管理者应特别加强自身工作的计划性、有效性，通过制定每周全园工作日程表，对每日工作做园务日态记录等，提高管理的有效性。

（3）注意发挥各级组织的职能作用

园领导应充分调动各方面积极性，发挥党团工会等非行政组织的作用，争取其支持配合，并注意发挥各部门、班组的作用，形成执行计划的合力，确保幼儿园任务目标的实现。

（三）组织计划的检查

1. 检查在管理过程中的意义

检查是管理全过程的中间环节，是实行阶段的必然发展，也是总结阶段工作的前提和依据。检查的目的是促进工作计划的执行，可以掌握工作进展，增强全园职工的责任感，及时发现、解决问题，总结推广经验，促进各方面工作有效地进行。对于领导者、管理者，检查具有检验决策、获取反馈信息，从而调整部署，指导今后工作的作用。通过检查可以督促指导职工工作，评价其工作状况并促进相互学习、取长补短。

因此，检查是推动幼儿园工作顺利进行的重要措施，是实现工作的计划目标获得预期成果的保证。幼儿园领导者不能满足于要求提过了，工作也在做了，而应注意通过检查这一环节，把握计划实施的真实情况，看看工作到底做得如何，及时解决计划执行中的偏差和问题。

2. 依实际需要采取多种检查方式，多方面了解情况、掌握全局

检查的方式多种多样。按时间来划分，可分为定期检查和经常性检查。定期检查一般是指阶段性的集中检查，如期中工作检查或期末检查。幼儿园工作的一个特点是具有阶段性，通常每个学期都须进行这样的检查，可以较系统地对实行阶段的工作进程和质量水平做分析，为后期工作提供指导和资料。年终财务检查也属于这种形式。经常性检查是指平时在实行阶段经常进行的检查，具有及时、灵活的特点。

如果依检查的内容来划分，可以分为全面检查和单项或专题性检查。前者往往是在学期结束前后进行，是一种常规性的检查方式，有益于全面掌握情况；后者是针对实行阶段工作中某个方面的问题做检查，可以深入细致地了解某些较突出的重点问题。

将检查按人员即执行主体来划分，可以分为领导检查、群众互检和自我检查。例如，教师在每日工作或每周工作后的自我反馈，检查教学效果就属于第三种方式。在目前的幼儿园管理中，后两种检查方式越来越受到重视，可以与自上而下的管理结合，起到自我调控和自我管理的作用。园领导者要注意根据幼儿园工作的实际需要，采取多种检查方式，多方面了解情况、掌握全局。

3. 有效检查的基本要求

检查是计划执行的保证措施。幼儿园管理者要组织好检查活动，并进行有效的分析，发挥检查作为管理手段的作用，就要注意以下问题。

第一，检查要以目标为依据，以计划规定的要求为标准和尺度，有目的、有计划、有步骤地进行。通过对计划实施过程的检查，可以进一步明确工作的任务目标，改进工作方法。

第二，检查要实事求是，注意获取足够信息，要在记录和积累资料的基础上，对检查结果做分析。应针对检查中发现的问题提出相应的措施和今后改进工作的建议。

第三，检查既要注重工作结果，又要注重工作过程，将二者结合起来加以考察分析。只检查工作结果，定其高低，并不能了解其原因，因而还须检查工作过程，及时分析问题。检查必须与指导相结合，以便推动工作顺利进行。

应明确，检查不是目的，而是一种管理手段，其目的在于指导促进工作。通过检查，制定出切实措施，帮助被检查者改进工作，以助于任务目标的实现。

检查可以通过实地观察，听取汇报和召开会议，查阅工作记录、教案、笔记等资料的形式，获取足够信息，通常需多种方式结合进行，以便相互参照，获得较真实全面的资料。幼儿园管理实践中有四项常规检查活动，即日常工作中的检查、抽样检查、组织会议检查以及阶段性的定期检查。管理者应注意合理运用，较好地发挥检查作为管理手段的重要作用。

（四）组织计划的总结

1. 总结的意义

总结是管理活动周期的最后一个环节。总结是对工作全过程的回顾，即对计划、实行和检查做出总的分析，对工作的过程及其结果做质和量的评价。通过总结得出经验教训，探讨工作规律，并成为制订下一周期计划的依据。管理工作或活动到总结阶段完成一个周期，总结起着承上启下、积累经验、增强工作的预见性与自觉性、促进管理水平的作用。

2. 总结的类型

总结的类型有多种，可以从不同角度划分总结的类型。如，从内容方面，可以有全面工作总结和单项或专题性总结。例如，某园在上级分级分类验收后做的验收工作总结即为单项总结；又如，某园学期末对全园工作的总结即为全面工作总结。从部门上，可以有全园总结、部门总结，如，保教工作总结或总务工作总结及班组总结，同时也包括个人总结。另外，又可从时间上划分，或是依不同的计划或管理周期而进行的相应总结。依长期计划或规划可以有3年工作总结，或年度、学期总结。短期计划有月度工作总结等。通常，有一个计划就应做相应的总结。幼儿园的工作应通过适时进行周期性总结，推动管理过程不断运转，促使幼儿园管理科学化。

3. 总结阶段应注意的问题

第一，总结是对园工作的评价过程。总结应注意以目标、计划为依据，对照工作结果，判定工作成绩与教训。总结要以检查阶段的工作为基础，注意掌握充足的事实材料和数据，积累典型事例。总结的内容应全面，要对管理工作的全貌有较充分的了解，这样才能明确工作成绩、问题及原因。

第二，总结要有群众参加，要具有教育激励作用。总结并非领导者的独角戏，而应动员全体职工参加。总结是对工作全过程的回顾，回顾过去是为了展望未来、增强信心、积极改进工作、确立新的奋斗目标。通过总结，使群众了解情况、明确问题、受到教育。可以结合总结，适时开展评比活动，交流经验、树立榜样，从而鼓舞士气，进一步调动各方面的积极性，以利再战，创造新的成绩。

第三，总结要注意探索规律，总结不是流水账，单纯罗列现象是没有任何意义的。总结工作要注意研究取得的经验和存在的缺陷教训，并分析查找原因。要将管理实践中获得的感性认识上升到理性阶段，认真探讨规律，再用以指导今后的实践，促进工作质量不断提高。

总结应能为下一阶段工作提供依据并指出方向。管理者应将总结工作作为探索规律和提高自身管理水平的过程。要能将总结中发现的问题或不足作为下一管理周期确定目标的重要参考依据，同时要注意将实践证实的带有规律性的经验充实完善到常规管理工作之中，使之制度化、规范化。

（五）组织计划的完善

分析管理过程的各个基本环节，认识管理过程的特点及各环节之间的相互关系，才能使管理过程顺利运行，使管理活动有效并趋向最佳状态。在管理过程中，计划、实行、检查、总结等基本环节是相互联系并贯穿于各项管理活动之中的，它们之间的关系具有以下特点。

1. 整体性

在管理活动中，从计划的制订开始经过实行、检查直至总结，是管理工作逻辑发展的必然过程。四个基本环节并不是各自孤立存在的，而是围绕目标按一定顺序向前行进的，构成一个完整的管理活动周期。它们之间相互衔接、相互关联、相互制约、相互促进。其中，计划是统领整个管理过程的重要环节；实行是计划落实的中心环节；检查是对计划的检验，是对实行的督促、保证的环节；总结是管理过程的终结环节，是对计划、实行、检查的总评价，也是制订下一个管理周期计划的依据。幼儿园各项工作任务无论大小或周期长短，其管理活动都是由这四个环节所构成，缺少任何一个环节都不是一个完整周期，会影响工作的质量和效果。因此，幼儿园各级管理人员进行管理活动，都要抓住这四个基本环节，使之有机结合，从而体现管理过程的整体性。

2. 递进性

管理活动总是按"计划—实行—检查—总结"这样的顺序推进，完成一个周期，而后继续开始下一个周期的活动，如此不断地实现这四个基本环节的运转。但这种运转不是原地打转或机械重复，而是沿着一条阶梯螺旋循环上升的。有效的管理工作应是一级高过一级，每循环一圈，管理活动就提高一步，一个管理周期结束，又开始一个新的管理运行过程，幼儿园中任何工作的管理都应是逐渐有所发展，而不是原地踏步。管理者应着力于使各个基本环节的每一次循环都能提高一个层次，从而不断提高管理水平。

3. 反馈性

幼儿园管理过程中各个环节既有递进关系又有交叉关系，它们之间是相互联系渗透、相互推动促进的。在实际的管理工作中，各环节之间都存在着反馈回路。例如，当管理由计划进入实行阶段时，往往就会对前面阶段的工作进行反馈。管理者应注意在工作中，不断获得反馈信息，采取相应的控制措施，及时掌控局面，纠正偏差，使管理过程能够按照一定的程序，由前一环节推向后一环节，推动管理过程的运转，最终实现幼儿园的工作目标和要求。

4. 目的性

管理活动不是盲目的、随意的，而是以实现预定目标为中心进行的，是按固有的程序运转的。管理工作也必然指向一定的目的。幼儿园作为教育机构，其管理过程的目的性与其他管理过程不同，具有自己的特点，即以育人为主要宗旨的目的性。在教育领域的活动中（如同物质生产领域），并存着两种过程，即教育过程与管理过程，两者的目的是共同的，就是为了把儿童培养成符合社会需要的合格人才。幼儿园各类工作人员是为了一定的目标而相互联系，结成一定的关系。要实现育人这个主旨，管理者就必须致力于建立正确的工作目标，并形成一个整合一致的目标体系，使总体目标中的教育目标与管理目标相一致，幼儿园的总体目标与部门目标相一致，管理者的目标与组织成员的目标相一致，形成执行目标的合力。为了建立正确的幼儿园工作目标并使之得到整合一致，就应创造条件使全园职工能民主参与目标的讨论与决策，使之真正成为全体人员共同意志和利益的集中体现，从而齐心协力，使目标付诸实施。

第三章 幼儿园的组织机构制度与保教队伍建设

第一节 幼儿园的组织机构与制度

一、幼儿园的组织机构

组织机构是实现管理目标和管理职能的最重要手段和工具之一。幼儿园作为一种教育组织，合理地设置其组织机构能够提高工作效率，更好地完成保教与管理任务，从而实现幼儿园的发展目标。

（一）设置幼儿园组织机构概述

设置幼儿园组织机构就是幼儿园内部根据需要而设置具体管理部门或单位，确定领导和职工的关系和职权分工，将幼儿园拥有的人力、物力等恰当地组织起来，调动每名员工的积极性，从而实现幼儿园的根本任务目标。

1. 设置幼儿园组织机构的意义

现代科学管理越来越重视组织机构的作用，一般来说，设置合理的幼儿园组织机构有如下意义。

①维系幼儿园内部关系，并与外部的特定机构和社会系统相连。

②有利于合理组织幼儿园的人力和物力。

③调动幼儿园内部人员的积极性，更好地完成任务目标。

2. 设置幼儿园组织机构的依据

科学、合理的组织机构是实现幼儿园高效、优质管理的前提。实践表明，设置幼儿园组织机构主要有以下依据。

（1）组织设计的基本原则

设置幼儿园组织机构要遵循组织设计的基本原则，主要包括以下几方面。

①任务目标原则。

组织机构的建立和设置就是为了实现一定的任务目标，通常需要将组织的任务目标分解为具体目标和工作内容。要坚持以"事"为中心，因"事"设职、设岗，先组织、后人事的原则，围绕幼儿园的任务和目标进行组织建设，提高组织效能。

②分工协作原则。

在把握总体任务目标的基础上，按照分工协作的要求设置必要的工作部门，安排各项工作，使各级各类部门与人员既有各自的任务目标，又明确相互间的关系，协调配合，共同实现组织的总目标。

③责任权力一致原则。

责权关系的设计和实施是发挥组织职能的关键。组织中各岗位的确定和任务的分配要符合满负荷要求，使组织中各部门、各岗位职责清楚、责任分明。为了真正负起责任，组织应赋予各部门、各岗位相应的权力和利益，从而做到职责权力有机统一。

④合理结构原则。

一个管理者直接指挥和协调的下级人员是有限度的，超过一定的数量，就不可能进行有效的管理。因此，组织设计要通过建立适宜的结构体系，达到宽度适当、层次合理，从而提高管理效率。

⑤统一指挥、统一意志原则

管理工作中，要做到只有一个指挥中心，每个下属只接受一个直接上级的领导。要避免多头领导，否则必然造成命令混乱，使组织产生内耗，甚至瓦解。

（2）上级有关规定

幼儿园机构的设置必须依据国家和地方及其教育职能部门有关文件的内容与精神。我国城镇相当一部分幼儿园为企事业部门举办，幼儿园组织机构设置还应遵循主办单位即上级行政部门的要求。接受上级部门的领导，明确上下层级的职权范围和相互关系。

（3）幼儿园的实际情况

幼儿园组织机构设置还要考虑内部环境和工作需要。例如，要从幼儿园规模大小、服务时间长短、所处环境位置、自然地理条件以及幼儿园拥有的物质、资金、人员状况等方面的具体条件出发，考虑机构的设置与建设。

综上所述，幼儿园组织机构的设置要最大限度地发挥人力资源的作用，提高组织的效能。此外，幼儿园还要根据社会生活条件的变化和社会对幼儿教育需要与要求的不同情况，对组织机构做出相应的调整，使之趋于完善，并不断发展。

（二）幼儿园的一般组织机构

1. 幼儿园的一般组织机构系统

（1）行政组织

幼儿园行政组织承担幼儿园的具体管理工作，园长是核心领导，负责主持全园的行政工作。幼儿园的规模大小不同，其行政组织架构也不同，主要以工作性质和范围分设相应的职能组织和职务。

（2）业务组织

幼儿园业务组织是幼儿园保教工作开展的主体，承担着育人的各种具体工作，是幼儿园人员分配的主要部分，一般要设业务园长、教研组长等职位。

（3）党群组织

幼儿园的党群组织主要包括党组织、园组织、教职工大会、工会等，起着保证、配合、监督、制约幼儿园工作的作用，是幼儿园管理不可或缺的组成部分。

（4）其他组织

根据幼儿园工作及幼儿园规模的大小还可设家长委员会、园务委员会、爱卫会、治安保卫小组等组织，这些组织能够配合幼儿园完成保教任务，也发挥着重要作用。

2. 幼儿园的一般组织机构层次

（1）指挥决策层

指挥决策层是幼儿园组织机构的高层。一般园长是一个幼儿园的行政负责人，是最高的行政领导者和指挥者。一般根据幼儿园的规模设1~3名园长。

（2）执行管理层

执行管理层是幼儿园组织机构的中层，一般为各个职能部门的负责人。执行管理层的人员一方面接受园长的领导；另一方面，负责对本部门教职工的管理和组织开展本部门的工作。

（3）具体工作层

具体工作层是幼儿园组织机构的基层，一般是各班级或班组室等职能部门，如大班组、小班组、膳食组、财务组等。

（三）不同类型幼儿园的组织机构设置

不同类型、不同规模的幼儿园在组织机构设置、职能部门划分以及人员配备上都有所不同，这里只简单分类，将小、中、大型幼儿园的一般组织机构设置情况进行举例说明。

1. 小型幼儿园组织机构

这里的小型幼儿园是指设置 3 个或 3 个以下班级的幼儿园。

2. 中型幼儿园组织机构

这里的中型幼儿园是指设置 3 个以上 10 个以下班级的幼儿园。

3. 大型幼儿园组织机构

这里的大型幼儿园是指设置 10 个或 10 个以上班级的幼儿园。

（四）设置幼儿园组织机构

1. 设置幼儿园组织机构的程序

（1）确定工作流程

分析并确定为达到幼儿园的任务目标需要开展的具体工作，以及具体的工作环节，从而确定组织内的工作流程。

（2）划分职能部门

根据工作任务、性质及工作流程划分职能部门。

（3）形成基本单位

分解各职能部门的工作，再划分幼儿园组织机构的基本单位，即各组（或室）等专门机构。例如，将教育部门按幼儿年龄分成大、中、小等不同的教养班组等。

（4）根据任务定员、定编

依据各组（或室）的任务定员、定编，即按照各组（或室）的需要确定相应数量的人员编制。

（5）确定岗位责任

根据各岗位的任务，确定各岗位的人员应承担的责任、权力和应得的利益，即建立权、责、利统一的岗位责任制。

（6）各层分工协作

将各职能部门及各组（或室）系统综合为一个整体，分工协作，形成幼儿园的组织机构。

2. 设置幼儿园组织机构容易出现的问题

设置幼儿园组织机构是一个讲究科学管理的过程，一味大而全或单纯地追求经济效益都会严重影响幼教事业的发展。因此，在设置幼儿园组织机构过程中一定要避免以下问题。

（1）偏离政策

当前由于大量民办、私立幼儿园的出现，而党的基层组织没有在此类幼儿园真正建立起来，忽略了党的领导，这就容易导致某些幼儿园在教育目标上偏离国家的人才培养目标；此外，有的幼儿园利欲熏心、追求经济效益，在必要的机构设置和人员配备上"偷工减料"。

（2）权责不清

有的幼儿园虽然建立了看似完整的组织机构系统，但内部没有相应的岗位责任制等做保证，部门或人员的职、责、权模糊，沟通渠道发生堵塞，造成工作效率低下。

（3）人浮于事

有的公立幼儿园机构设置过于庞大臃肿、人浮于事，没有因"事"设职、因"职"设岗，相反是因人设岗、因"情"设岗。长此以往，会打击广大教职工的工作积极性。

这一系列的问题虽然都是改革当中不可避免的问题，但若不引起重视，就将对我国的教育事业造成危害和损失。

二、幼儿园规章制度

制度是组织的基本活动准则，是任何一个组织正常运转的保证。幼儿园规章制度是幼儿园的"法"，是为实现幼儿园目标，对幼儿园各项工作和对各类人员的要求加以系统化、条理化，规定出必须遵守的行为准则和工作规程。

（一）幼儿园规章制度的作用

建立幼儿园规章制度是幼儿园管理的一项常规性工作，也是实现科学管理的手段，在强化管理、提高工作效能和形成良好园风方面都具有重要作用。

1. 规章制度的建立，有利于保证正常的教养工作秩序

规章制度是管理的一项基础性工作。它具有规范性、强制性，制约组织成员按一定的要求去行动。通过建立健全幼儿园工作制度和各类人员岗位职责，事事有章可循、人人明确职责，从而形成正常的工作秩序，使幼儿园工作正常运转，在此基础上才有可能研究改进教养工作，提高质量。

2. 规章制度的建立，有利于规范人们的行为，提高管理成效

制度是组织活动的准则，它与高效的管理存在着内在联系。幼儿园建立起一整套合理的规章制度，各部门、各层次、各方面人员对应当做什么、不应当做什么、怎样做事等有章可循、有法可依，可发挥对行为的制约规范作用。同时，规章制度还起着协调各方面工

作和各类人员行为的作用，既各司其职、各得其所，又协调配合，使各方面力量有效地组织在共同的组织目标上，将群众的积极性纳入科学管理的轨道，提高工作效率和管理效能。

3. 规章制度具有行为指向作用，有助于增强责任意识，建设良好园风

幼儿园规章制度有着明确的目的要求，它表明这个组织提倡什么、禁止什么、应该怎样、不该怎样，既是组织活动准则，也反映社会的道德规范和优良的文化传统，可以为全体组织成员指明行动的方向。

在贯彻执行幼儿园规章制度的过程中，各类人员各司其职、各负其责，逐步将外部的制约规范内化为行为主体的责任意识，自觉地加以执行，从而培养出良好的工作作风，并在全园形成健康的园风、园纪。合理的规章制度对于建设优良的组织文化具有重要意义，既为教育提供良好的条件，又可以发挥教育感染作用，使幼儿园工作进入良性循环过程，进而为推动幼儿园发挥教育机构的文明辐射作用和改善社会风气产生积极的影响。

（二）制定幼儿园规章制度的意义

规章制度是一个组织为了共同的目的，要求它的成员共同遵守的规则、法规，是组织正常运转的保证，它具有一定的约束力和强制性。幼儿园规章制度是科学管理幼儿园的重要保证，其意义体现在以下三点。

1. 保障幼儿园保教工作的正常秩序，促进工作效率和教育质量的提高

高幼儿园是一个多层次、多结构的组织系统，整个幼儿园的工作种类多，而且互相关联，教育工作的周期较长。要使各项工作都有秩序地协调运转，就必须建立各项规章制度，事事有章可循、人人明确职责，使各项工作常规化、制度化，有利于建立稳定的工作秩序和教育秩序，从而促进工作效率和教育质量的提高。

2. 具有制约规范作用，可以减少工作失误和人事冲突，提高管理成效

规章制度具有制约规范的作用，幼儿园的各项规章制度是全园教职工必须遵守的行为准则和工作规程。通过规章制度，教职工知道何时该做何事、该怎样做，什么行为是禁止的。严格执行规章制度，可以减少工作中的失误，避免不必要的人事冲突，从而提高管理成效。

3. 规章制度有助于增强教职工的责任意识，建立良好园风

规章制度本身表明了它所倡导的精神，贯彻执行规章制度的过程就是对教职工进行教育和训练的过程。这种外部的规范制约能逐渐内化为个人自觉的责任意识，从而形成良好的工作作风，有利于良好园风的建立。

（三）制定幼儿园规章制度的基本要求

制定幼儿园规章制度是一项细致而又十分严肃的工作，应遵循以下基本要求。

1. 政策性

政策性是指幼儿园制定的规章制度必须符合党和国家的政策法规，要符合党的教育方针精神和教育行政部门颁布的有关法规条例的规定。幼儿园规章制度应是党的方针政策与国家法规在幼儿园工作中的具体体现，必须体现幼儿园的社会主义办园方向，幼儿园保教工作、教师管理及财务基建等，要与国家及上级教育行政部门的有关政策协调一致，要增强法治意识，实行依法治园。

2. 科学性

科学性是指幼儿园的规章制度必须是科学的、规范的，要充分体现幼教工作的本质属性，符合教育与管理的客观规律。各项规章制度的基本要求和质量标准既要符合教师的劳动特点和幼儿身心发展规律，还要符合本园实际情况和工作需要，使之具有可行性。规章制度的制定要适合现有状况，又有高出一步的要求，要具有一定的先进性、前瞻性，发挥行为指向作用。要避免过高要求，避免简单盲目地照抄照搬现成条文、搞形式主义。

幼儿园各项规章制度应保持目标一致并相互补充，形成整体系统，而不能互相矛盾。规章制度条文要简明具体，要有明确的业务规范要求、工作程序和基本方法，便于记忆和操作。幼儿园管理者、领导者要以科学的态度检验规章制度的实施情况和实际效果，适时进行补充、修订。

3. 教育性

幼儿园一切教育和管理工作，均具有教育性，要充分发挥规章制度作为教育手段的作用。幼儿园建立规章制度的根本目的是促进教育目标的实现，为培养社会主义建设者奠定良好基础。制度的制定，要从人才培养、教育工作的实际需要出发，内容要有教育意义。制度的制定要让教职工参与，走群众路线，发动群众民主讨论，在集中正确意见、统一认识的基础上加以确立。这样，一方面，可以使制度更切合实际；另一方面，在制定过程中可以激发群众的积极性、明确制定的目的、认同制度规定的内容，从而提高执行的自觉性，实现自我管理与教育。

4. 稳定性

规章制度必须保持相对的稳定，使之在一定时间、一定条件下发挥管理功能，规范各类人员的行为，保证幼儿园工作有稳定的秩序。在实施贯彻过程中，通过较长时间的教育和训练，帮助教职工形成良好的思想作风和行为习惯。幼儿园规章制度一般不能朝令夕改，否则必然使教职工无所适从，失去制度的严肃性和约束性。当然，随着形势的变化和认识的深化，幼儿园管理制度也应随之修改完善，从而增强管理功能。

（四）幼儿园规章制度的执行

为了充分发挥规章制度作为管理手段的作用，就要重视幼儿园规章制度的贯彻执行。幼儿园管理者应注意做好以下几个方面工作。

1. 注重宣传教育

幼儿园规章制度的贯彻执行必须注重宣传教育，在提高认识的基础上，强调自觉精神，在幼儿园形成一定的集体舆论；同时，引导教职工增强是非观念和自我调控能力，自觉遵照执行。这样才能不断提高教职工的认识水平和维护规章制度的责任感，形成相互督促、共同遵守的氛围。

规章制度的宣传教育要通过多种形式经常进行，每次宣传教育都要结合幼儿园工作的阶段性特点。例如，在每学期的第一周进行集中教育，反复讲解各项制度的目的意义和基本要求等。

2. 领导者率先垂范

要使幼儿园各项规章制度顺利贯彻执行，成为全体教职工认同并遵守的"法"，幼儿园管理人员必须以身作则，带头严格执行，给全园教职工做出表率，发挥人格的影响作用，绝不能只要求教职工遵守，管理者则置身"法"外。

3. 严格检查督促

幼儿园规章制度要成为具有约束力和强制性的"法"，就要注意制度执行的严肃性，要严格要求，认真督促检查，同时将检查与考核奖惩结合起来，加强指导。

管理者要注意深入基层，了解和检查制度的执行情况，及时肯定和表彰执行好的，批评和处罚执行不良的或违反规章的。要坚持执行制度的一致性，做到有章必循，避免前紧后松、因人而异，使制度切实发挥管理手段的作用，在全园建立起良好的工作秩序，保证各项工作顺利进行。

此外，幼儿园管理者还要注意在规章制度执行过程中，及时了解群众对制度的反馈情况，并不断完善制度以适应幼儿园新的发展要求。

三、幼儿园规章制度的层次与类型

（一）幼儿园规章制度的层次

按颁布和制定规章制度的部门划分，大致有以下几个层次。

1. 国家教育部门制定的法规和规章

这是由国家立法机关即全国人民代表大会和各级政府及其教育行政部门等统一制定的教育法规和有关的规章制度，如《中华人民共和国教育法》《教师法》《幼儿园管理条例》《幼儿园工作规程》《幼儿园教育指导纲要》，及地方制定的幼教行政法规、有关的管理办法和规章制度等。

国家和各级政府的宏观政策法规是幼儿园管理的根本依据，对于建立幼儿园正常秩序具有指导作用。幼儿园领导者、管理者要了解并学习有关教育和幼儿教育的各项法规条例，理解精神并掌握各项法规所规范的具体内容，同时还要注意向全园教职工宣传，以便遵照执行，依法治教。

2. 幼儿园自行制定的规章制度

这是由幼儿园依据国家法规和教育行政机关制定的法规，结合本园实际自行制定的规章制度，是幼儿园具体实施管理的工具，是使幼儿园工作能有正常、稳定的秩序，协调各类人员行为，提高组织活动效率的保证。建立健全幼儿园内部规章制度，是办好幼儿园的一项基础性工作。

（二）幼儿园规章制度的类型

这里，我们对园内规章制度建设做进一步的分析。一般来说，幼儿园自行制定的规章制度主要有四大类：全园性规章制度、部门性规章制度、各类人员岗位责任制度以及幼儿园考核与奖惩制度。

1. 全园性规章制度

全园性规章制度是幼儿园各类人员都应该遵守的规章制度，具有指导、组织集体的共同活动，统一各类人员行为，建立工作常规和行为规范的作用。

全园性规章制度主要包括教职工职业规范或工作守则、教职工考勤制度、教职工交接班制度、教职工值班制度、教职工学习制度，以及教职工个人卫生与环境卫生制度等。

此外，还应注意建立收托幼儿制度、幼儿接送制度、安全制度、家长联系制度等，并使全园教职工广为周知并遵照执行。

2. 部门性规章制度

幼儿园部门性规章制度明确了各层次、各部门人员的工作任务和职责，具有加强科学管理的作用。

3. 岗位责任制度

岗位责任制度是在对幼儿园的全部工作实行定员、定编、定岗的基础上，对每个岗位规定出完成工作的时间、工作质量与数量的制度。

岗位责任制度通过明确的规定，使每个工作岗位的职责明晰化，并落实到具体负责人，起着明确职责，调整和处理各个岗位之间的职务、责任、权力关系的作用，使组织的各类人员能够在其位、行其事、尽其责。

建立岗位责任制度既要体现各岗位的共性特征和一般要求，确立各岗位的基本职责范围，又要明确各岗位在具体部门中具有的独特工作职责范围或工作任务。

4. 考核与奖惩制度

考核是对组织成员履行职责、完成工作任务的情况进行检查评定。奖惩是在考核基础上，对考核结果给予肯定或否定的评价，是对责任者必须承担并履行职责后果的制度，也是对考核加以强化的管理措施。

将考核奖惩制度与岗位责任制及其他规章制度有机结合，可以赏功罚过、功过分明，既体现管理法规的严肃性、有效性，又可起到激励教职工尽职尽责，建设奋发向上的工作集体的作用，从而保证岗位责任制和其他制度规章的贯彻执行。

一般来说，幼儿园奖惩的方式可以是综合的或单项的，既有对个人的奖惩，也有对班组集体的奖惩。奖惩的内容可以是评优、升职、发奖品、扣奖金等形式。

第二节　幼儿园保教队伍建设

一、保教人员的选聘与任用

（一）幼儿园保教人员的任职条件与职责

幼儿园工作人员包括园长、副园长、教师、保育员、医务人员、事务人员、炊事员和其他工作人员。幼儿园工作人员应拥护党的基本路线，热爱幼儿教育事业，爱护幼儿，努力学习专业知识和技能，提高文化和专业水平，品德良好、为人师表、忠于职责，同时身体健康。所以，所选聘的幼儿教师必须具有投身于幼儿教育事业的志向，热爱幼儿、热爱幼儿教育专业；具有完善的人格和高尚的道德品质；学历达标，掌握必备的专业知识和专业技能，能在实践中不断学习提高；同时身体健康。

幼儿园要严格根据各岗位的素质条件要求选聘合适的工作人员，不能为降低成本而任用没有受过幼儿专业教育或不具备资格的人员。这样做难以保证幼儿教育质量，直接影响国家未来人才的质量。

（二）幼儿园保教人员的选聘原则

幼儿园教师属于国家专业人员，幼儿园教师的选聘要严格按照国家教师资格条件和《规程》所规定的保教人员任职资格和条件来选聘，以保证幼儿教育质量。在人员的选聘上应该遵守以下原则。

1. 按需设岗，因岗用人

幼儿园要根据工作的需要选用人员。管理者在选聘工作人员之前，首先要做好各岗位分析，根据幼儿园的规模和工作性质，对各个岗位的工作内容要求和任职者应该具备的基本条件加以分析，选用合适人员承担相应的工作。切忌因人设岗，让工作迁就个人的需要，从而导致人浮于事。

2. 任人唯贤，重视绩效

人员任用的最基本准则就是任人唯贤。只要他有才能，幼儿园的工作需要他，而且也在实际工作中取得了重大工作成绩，就应该大胆起用。要克服和避免感情用事、不坚持原则、"任人唯亲"。

3. 用人所长，避其所短

人无完人，每个人都有自己的强项，也都有自己的弱点。在选人的过程中，管理者首先要通过多种方式对选聘的人员进行全面了解和分析，概括出选聘人员的优势特长和缺点不足。然后，再把选聘人员的特点与岗位要求与任职者应该具备的基本条件进行吻合度分析，如果发现其长处占优势，且这些长处又是工作中不可缺少的要素，其缺点又不会影响工作，那么就应该大胆选用。需要注意的是，要以教师的长处和优点去用人、评价人，不能求全责备。

4. 用人不疑，委以责任

用人要建立在充分信任的基础上，要相信教职工有热情、有能力做好本职工作。员工受到信任，他们会感到自己存在的价值，这会成为激励他们的巨大动力，为了回报园长的信任，他们会加倍努力去工作。

委以责任，还要给予一定的权力，包括命令权、决定权、行为权。尊重员工的自主性，发挥员工的积极性、主动性，把权责交给他，使他产生强烈的责任感和使命感。只有这样，员工才会产生完成任务的巨大热情，进而摆脱日常习惯和惯性思维的束缚，创造性、开拓性地工作，这样才能培养出优秀的工作人员。

园长将权力委任给员工后，仍然要掌握大的原则与发展方向，若中途发现错误，应及时加以纠正。特别对一些年轻、没有经验的教师，要帮助其解决困难，使其工作能顺利地完成。如果员工尽了最大努力仍然难以克服困难，就要多替他想想，从各方面给他支持。这样做还可以培养员工对园长的信心。

5. 优势互补，结构合理

有些工作可以由一个教师单独完成，但更多的时候还需要保教人员的群体合作。要根据全园教职工人格、气质和能力特点搭配组建班组，既发挥各人所长，又能优势互补。

6. 建立动态的用人机制

人员任用应该是一个动态过程。任何职位都不是"终身"的，而是流动的。这样做的好处是：一方面，可以优胜劣汰，能胜任可以继续干，不能胜任就要调整，使受聘人员时刻处于危机状态，给他们一定的压力，促使其不断提高；另一方面，可以为广大员工提供施展才干和成长的机会，让员工在不同的岗位上得到锻炼/获得提高，并不断寻求适合自己的最佳位置，探索最优化的人员组合模式。

二、保教人员的教育

（一）满足保教人员合理的需要，调动教师积极性

满足教师的合理需要是调动教师积极性的基础和前提。幼儿园教师的需要主要有以下几种。

1. 改善生活条件的需要

人的正常生活需要衣、食、住、行等基本的生活条件。近几年，随着物质生活水平的提高，幼儿园教师也强烈地要求改善生活条件、提高生活质量，应该说这些需要都是正当的、合理的。幼儿园领导要在条件许可的情况下尽可能提高保教人员的工资待遇水平，帮助他们解决生活中的实际困难。否则会降低保教人员的工作满足度，影响其工作的积极性。

需要注意的是，对物质的要求应该有一定的限度。一味地追求物质，只能变成物质的奴隶。所以幼儿园领导还应该通过提供信息开阔保教人员视野、实施奖惩、加强保教人员培训等，引导保教人员追求更高层次的需要，不断提升自我、实现个人价值的需要。

2. 实现人生价值的需要

保教人员一般都希望能在工作中发挥自己的特长和才能，取得更大的成绩，获得成功，以证明自己的工作能力和个人价值，实现自己的理想。如果这一需要得到满足，会极大地调动其工作的积极性，否则他们就会感到压抑和苦闷，缺乏工作热情。

幼儿园领导要充分地信任教师，发挥教师的工作热情和工作能力，再根据教师的兴趣、知识基础和能力特点，把教师安排在合适的、能充分发挥其特长的工作岗位上，委以重任，为其提供施展才能的机会，满足其自我价值实现的需要。

3. 学习进修的需要

随着现代社会的飞速发展，终身学习的观念已普遍为人们所接受，并逐渐成为人们生活中必不可少的一部分。为了适应不断发展的社会，适应基础教育改革的要求，保教人员参加文化学习、业务进修，以求不断提高自己的专业水平、促进自己专业成长的需要也越来越强烈。这对幼儿园的发展是一件好事。幼儿园管理者要在不影响正常教育教学工作的前提下，鼓励保教人员进修提高并尽力为之创造条件，满足其成长的需要。

需要注意的是，教师的学习提高应该与自己的保教工作实践紧密结合起来。近几年，许多幼儿园都鼓励教师参与国家、省、市及区县等各级课题研究。其中，有的与教科所科研人员或高校教师合作进行，有的单独立项，也有的在本园立项。在这些课题研究中，教师们经过专家指导和自我反思，重新审视自己所从事的幼儿教育工作，不断尝试新的保教工作方法。有的幼儿园则更进一步，在不断进行课题研究的基础上，根据基础教育课程改革的要求，组织教师分析自己幼儿园的优势和特点，利用各种教育资源，探索开发富有特色的园本课程。在这些课题研究和园本课程开发工作中，教师们对幼儿教育工作有了新的认识，也切实感受到自己的成长和提高，并在这种创造性的工作中激发出更大的工作积极性。

4. 休闲娱乐的需要

保教人员在努力工作、学习之后，希望有一个丰富而有意义的休闲娱乐生活，这也是现代人提高生活质量和生活品位的又一合理需求。尤其是幼儿园教师，由于要保证幼儿的安全，在每天的工作中他们的精神是非常紧张的，再加上组织教学和游戏，导致许多教师产生职业倦怠感，影响了他们工作积极性的发挥。

幼儿园园长要支持教师丰富休闲娱乐生活。在可能的情况下，要为教师们提供时间和物质条件，如轮流休假，发放休闲娱乐津贴（如旅游费）等。也可以利用假期集体组织教师爬山、郊游，或者利用节日组织茶话会等。例如，可以利用周一下午组织教师合唱团活动和周二下午的保教人员健美操训练，使保教人员在娱乐放松的同时，加强交流、增进友谊。周五晚上组织家庭聚会，家庭成员的参与会使得大家真正有大家庭的感觉。这些丰富多彩的活动可以让教师们放松疲劳的身心，以更充沛的精力投入到新的工作中。

所以，幼儿园的管理者要坚持以人为本的管理理念，充分尊重和满足保教人员的合理需要，增加保教人员的工作满意度，以便更好地提高保教人员的工作积极性。

（二）营造宽松、和谐的组织气氛，增强保教人员归属感

每一个保教人员作为社会的一员，都有社会交往的需要，并希望在交往中获得社会或他人的接纳、承认和尊重，获得归属感。如果没有参与社会交往的机会或人际交往中不能被人所接纳、获得归属感，容易导致消极情绪的产生，使其不能处于积极的工作状态。

宽松、和谐的组织气氛，互相尊重、互相欣赏、互相关心、互相支持的人际氛围，可以充分满足保教人员归属的需要，让身处其中的每一个人感受到集体的温暖。营造宽松、和谐的组织气氛与幼儿园园长的为人处世风格有着很大的关系，所以要求园长尽量做到以下四点。

1. 关心、体谅保教人员

日常工作中，保教人员会因各种原因而犯一些小错误，有时候是一些不可避免的客观原因所导致的，这就需要园领导能了解实际情况，关心体谅员工的实际困难，让教职工感觉到领导的关心和爱护，感受集体的温暖，以增进领导和员工之间的感情，有助于形成和谐的组织关系。

2. 尊重、信任保教人员

尊重保教人员，不仅意味着要尊重保教人员的人格，还要尊重保教人员的个性特点，接受各种类型的老师，不求全责备。

3. 欣赏、赞美保教人员

欣赏保教人员，适时地送上真诚的赞美，是调动保教人员积极性直接而又有效的方法。喜欢被人赞美是人的天性。赞美会给人带来快乐，快乐的情绪让人产生积极的工作态度。园长应本着以人的优点评价人的心态，多留意保教人员的优点和长处，给予真诚的赞美，帮助保教人员建立积极的工作心态。以此为突破口，会进一步促使保教人员在工作中努力展示自己积极向上的光明面，克制丑陋的阴暗面，形成良好的心态，逐渐完善自己的个性。

4. 合理、正确地评估保教人员的业绩

及时地肯定保教人员在工作中的优秀表现，是调动保教人员积极性、强化良好行为的有效方法。可现实中有的园长习惯于盯着员工身上的缺点和工作中出现的问题，这种做法容易让保教人员产生自卑和厌烦心理，影响教师积极性的发挥。

幼儿园园长要注意在工作中多看教师的工作成绩，多对教师的成绩提出表扬，而且要让保教人员看到自己的工作成绩，因为成绩本身对保教人员就会产生激励作用。

表扬要真诚，不要敷衍了事。如园长看到某老师教室环境布置得很有新意，便随口表

扬说"不错"。这种表扬虽然能让这位老师高兴，但不如另外一种表扬方法来得更真诚、更有针对性。如："××老师，你布置的教室真好看，这幅画的颜色很谐调，充满了童趣。自然角布置得也很有特色。应该让其他老师到你这儿来参观参观。"前者简单、随意、漫不经心，后者具体、明确，充满激情，两种表扬效果截然不同。

反过来，如果有的保教人员真的没有做好工作，园长也要先就其优点进行真诚的表扬之后，本着尊重、宽容的态度，与保教人员一块讨论问题，帮助保教人员克服缺点。这种宽容的态度很容易让保教人员接受，以更积极的态度对待问题。

在园长的积极影响和带动下，很容易在幼儿园形成一种平等、宽松的组织气氛，形成和谐亲密的人际交往关系，在领导与保教人员之间、保教人员彼此之间形成互相信任、互相尊重、互相关心、互相帮助、互相欣赏、互相支持的人际氛围。这种友好合作的人际气氛能够充分地满足保教人员被尊重和归属感的需要，增强集体的凝聚力，使保教人员情绪高昂，提高工作效率。

（三）确定明确的工作目标，激发保教人员的成功欲

理论研究和管理实践都表明，工作目标具有激发和维持工作动机、指导行为、增强工作积极性的作用。当我们确立了某种目标后，人们开始朝着目标努力，最终达到目标，取得成功。幼儿园也应该制定明确的奋斗目标，激发保教人员的成功欲。

1. 制定幼儿园发展目标

现代管理学非常强调利用愿景教育员工，也就是制订出本单位的长期发展规划，为员工描绘本单位的美好前景，以达到鼓舞士气、激励员工的目的。

幼儿园园长要审时度势，与员工共同商讨，制定本园的长期发展目标，让保教人员看到本园发展的光明未来，看到希望。员工通过对本园发展的了解，增强了信心。而且员工认同了幼儿园的目标、发展规划，有了使命感，这种使命感召唤着全体人员共同努力，为实现组织目标而奋斗。管理成功的幼儿园总是能将员工的利益与幼儿园发展结合起来，让每个员工能视幼儿园的使命为自己的生命，这是组织管理比较理想的境界。

2. 制定个人发展目标

每个人都有获得成功的愿望，只是有的人成功欲被激发出来，有的人没有表现出来，似乎还处于沉睡状态。激发成功欲的方法就是帮助每一位保教人员分析其自身条件，在全园目标的基础上制定难度适中、既具有挑战性又具有现实意义的个人发展目标，然后让他们围绕目标开展工作。

有时候，教师制定个人目标有一定的难度，幼儿园就要具体指导，山东省青岛市实验

幼儿园的工作方法值得借鉴：规划共同愿景和个人愿景，全面提升团队向心力。

目标实现的过程就是保教人员不断成长、成熟的过程。工作成绩本身对保教人员有着巨大的激励作用，让保教人员以更大的工作热情朝向新的目标努力。

（四）集思广益、激励保教人员参与管理

在保教人员参与制订计划、决策幼儿园的重大问题的过程中，其所提出的意见和建议若受到领导的重视和采纳，既可以使领导者集思广益、科学决策，又能够让保教人员产生当家做主的思想感情，增强工作的责任感、使命感和自觉性。

幼儿园领导可以通过教代会、教学问题研究会、各种工作小组和全体保教人员大会等形式，吸纳教师参与幼儿园管理工作，积极地为幼儿园的发展献计献策，保证幼儿园的言路畅通，形成民主的管理气氛。如果保教人员的提议得不到领导的尊重，则容易导致员工士气低落，工作积极性降低。

所以，管理者永远不要忘记，幼儿园中最珍贵的资源是人力资源、是教职员工。教职员工希望有人能够向他们征询意见、建议，如果看到自己的意见和建议能够被采纳，他们会获得更大的满足和快乐，工作的积极性也会更高。所以幼儿园领导者要注意提供机会，让保教人员参与管理。

（五）正确运用奖惩手段，合理评估保教人员绩效

对有利于实现幼儿园整体目标的行为给予肯定、表扬和奖励，将有效地调动这部分员工的工作积极性。对一切不利于实现幼儿园目标的行为给予否定、批评、劝阻和适当的惩罚，会减少此类事情发生。

幼儿园可以制定相应的奖惩政策，奖惩政策可起到导向的作用。这种导向作用向人们说明，劳动是有价值的，它鼓励了认真工作的人。奖励的方式多种多样，需要注意以下问题。

1. 奖励可以是物质方面的，也可以是精神方面的，还可以两者兼顾

物质奖励要适时、适度、适量，避免强化保教人员的物质需要。提倡更多地采用精神奖励的方式，如推荐教师出席各级经验交流会，请他做辅导报告，把他的经验收进"幼儿园优秀经验选集"或推荐给报社发表，为他提供进修、参观、学习的机会等。

2. 奖励集体和奖励个人相结合

奖励集体，有助于形成保教人员的集体荣誉感和团结协作的精神，形成互相帮助、互相支持、互相合作的工作氛围，营造和谐的组织气氛，提高整个幼儿园员工的士气，调动

其积极性。

3. 以奖励为主，让每个保教人员都有获得奖励的机会

幼儿园管理要奖罚分明，但要以奖励为主，批评处罚为辅。而且用多元化的标准衡量保教人员，给每个保教人员获得荣誉的机会，避免总是个别教师得奖，出现"得奖专业户"的现象。这不利于调动全体保教人员的积极性，而且容易人为地激化矛盾，导致保教人员之间相互不服气、不团结，甚至相互"拆台"的局面。

第四章　幼儿园时间与空间管理

第一节　幼儿园时间管理

时间管理是指通过事先规划和运用一定的技巧、方法与工具对时间加以灵活有效安排，从而实现个人或组织的既定目标。管理者应抓住时机、珍惜时间，力求在有限的时空内获得最大的效益，创造出更多的价值。本项目从时间管理的角度，探讨班级管理的时效性，以提高班级管理工作的质量。

幼儿园班级是对3~7岁的幼儿进行保教活动的基本单位，是由幼儿和保育人员共同组成的学习集体。幼儿园班级是幼儿园的基层组织，是实施幼儿园的保教任务、实现教育目标的基本单位。

通过前面的学习我们知道，幼儿园保教工作管理是整个幼儿园管理工作的核心，也就是说，保教工作是幼儿园工作的中心任务，保教工作的质量反映幼儿园的水平，直接影响到幼儿园的教育质量。班级是幼儿园的细胞，是保教任务得以落实的基本单位。作为幼儿园管理的基本层次，班级管理就是幼儿园管理的核心工作，班级管理的科学性和时效性直接决定了幼儿园的整体管理水平。班级保教工作的管理首先面对的是时间管理。应建立科学的幼儿生活作息制度，合理安排保教工作人员一日的工作时间和幼儿园一周的活动时间。

一、幼儿园班级管理的内容

为了实现幼儿园的保育和教育目标，幼儿园的班级管理体系必须包括合理而完备的管理内容。幼儿园班级管理要求协调好班级保教人员、幼儿及其他管理要素之间的关系，明确幼儿园班级管理的任务，对与班级幼儿保教工作有关的人、财、物进行合理组织和协调。按幼儿在园活动分类，幼儿园班级管理一般分为生活管理和教育管理两方面，其他管理工作（如班级间交流管理、家庭教育管理等）服务于幼儿的生活、教育管理工作。

（一）生活管理内容

1. 学期初的幼儿园班级生活管理内容

第一，填写班级幼儿名册和幼儿家庭情况登记表，明确家长联系方式。

第二，家访并调查幼儿家庭教养情况，初步了解幼儿生活习惯，做好记录。

第三，安排幼儿个人用床、衣柜、毛巾架、水杯格，写上姓名并做好便于幼儿识别的标记。

第四，初步布置活动室环境，如安排室内器物、准备活动设施等。

第五，观察幼儿一日生活的言行举止，并记录分析。

第六，依据对幼儿一日生活表现的观察分析与家访调查，制订班级幼儿生活管理计划与措施。

2. 学期中的幼儿园班级生活管理内容

第一，每日做好幼儿上下午来园、离园的交接记录。

第二，每日保管好幼儿生活用品。

第三，每日做好班内外幼儿活动场地的清洁工作和各项设备的安全检查工作。

第四，每周对活动玩具进行消毒，更换生活用品。

第五，每周检查班级幼儿生活管理计划的实施情况。

第六，每周初，班级教师碰头，总结上周经验，调整本周幼儿生活管理工作的内容与措施，分工负责。

第七，观察幼儿生活行为，记录好其表现。

第八，对幼儿计划免疫、疾病、传染病情况做登记。

第九，对体弱幼儿的生活护理。

3. 学期末的幼儿园班级生活管理内容

第一，汇总平日对幼儿生活表现的记录。

第二，总结班级幼儿生活管理工作，找出成绩与问题。

第三，向家长发放《幼儿在园生活情况小结》，指导家长对幼儿假期生活的管理。

第四，整理室内外环境，对集体用品、材料进行清点登记。

（二）教育管理内容

幼儿园班级教育管理即班级保教人员对班级幼儿进行调查研究，对教育过程精心设计组织，对教育结果进行细致评价的一系列工作活动。幼儿园班级教育管理对明确幼儿教育目标、优化幼儿教育方法、保证幼儿教育效果起到了非常重要的作用。

1. 学期初的幼儿园班级教育管理内容

第一，结合家访和对幼儿的观察分析，完成对班级幼儿发展水平的初步评价，并做好分析记录。

第二，根据幼儿情况及班级条件，制订详细的幼儿教育计划，包含阶段性的班级教育教学目标及完成进度的日程安排。

第三，根据教育教学计划，征集或领取幼儿的绘画材料、手工材料、卡片、游戏工具等，预先设计好幼儿作品的存放处和幼儿教育档案，布置好班级教育教学的小环境（如墙壁、器物的装饰等）。

第四，班级保教人员共同确定各项教育活动的组织形式、制定基本常规，建立班级教育活动的运转机制，带领幼儿熟悉环境，认识工作人员，了解基本的班级情况及管理常规，初步建立师生友好、协调的关系。

2. 学期中的幼儿园班级教育管理内容

第一，每日工作：准备好当日教学所需材料，对前一阶段的知识进行复习，保证教育教学的连贯性。

第二，每周工作：制订每周活动安排及每日教学计划，做好教具、学具材料的搜集和制作工作。

第三，每月工作：月初制定好每月教育目标，安排教学活动的进度。召开班级教师会议，研究班级教育工作的具体内容和措施，协调分工与配合。做好对个别幼儿的教育计划并修订措施。月末整理各种教育材料与资料。根据教育内容适当调整活动室安排，布置更新环境。

3. 学期末的幼儿园班级教育管理内容

第一，整理教育活动方案、教育笔记和幼儿作品档案。

第二，做好幼儿全学期的评估工作，写好幼儿发展情况及表现小结。

第三，完成教师自身的评估，总结个人教育目标的实现、教育方法的运用情况。

第四，完成教育活动剩余材料的清点与登记工作。

二、幼儿园各年龄班的管理

（一）小班管理

1. 帮助幼儿顺利度过入园适应期

幼儿从家庭到幼儿园，离开熟悉的生活环境、熟悉的亲人，他们会在一定时间内产生分离焦虑。这也是他们第一次真正走入社会、融入集体，接受初步的、正规的全面发展的教育。因此，必须通过入园前的家访、家长会、参观幼儿园、家园联系等活动，与家长共同配合，让孩子乐意来幼儿园，愿意和教师、小朋友来往，喜欢班级里的物品。

2. 建立良好的常规

小班是进行常规教育的关键期。良好的常规可以让幼儿的一日活动非常有规律，既可以使幼儿身体健康，又能让幼儿积极参加活动，有利于幼儿良好生活、行为习惯的养成，还便于教师组织好各类活动。

常规内容包括来园活动常规、盥洗活动常规、进餐活动常规、教育活动常规、散步活动常规、睡眠活动常规、离园活动常规等。良好的常规需要班级管理人员共同创设，可采用示范、奖励、讲故事、念儿歌等多种方式对幼儿进行反复训练、巩固练习。对个别幼儿可进行个别教育。

（二）中班管理

1. 帮助幼儿建立良好的"亲社会行为"

亲社会行为是指一种积极良好的、对他人有益的行为，包括合作、分享、助人、谦让、同情等。

在中班期间，个别幼儿在班上爱"惹是生非"，影响正常的常规和秩序。他们有时会出现打人、咬人、抓人、抢别人的玩具等攻击性行为，让教师和家长都感到很头疼。对幼儿而言，攻击性行为的发生，主要是由于遭受挫折时显得焦躁不安，或者由于任性、自私等不良习惯。因此，我们应充分了解形成攻击性行为的原因，有针对性地进行教育。中班幼儿还有爱告状的习惯，原因是他们具有自我中心的特点，不善于站在他人的角度和立场思考问题，不能理解别人的心情。同时，由于他们没能很好地掌握必要的社会交往技能，不能友好地协商解决问题，只能通过告状来寻求成人的帮助。

可见，中班的班级管理者必须加强学习，充分理解、掌握幼儿的身心特点，掌握科学的教育观、儿童观，耐心细致地教育幼儿，创设良好的教育环境，给幼儿营造宽松、友好的氛围，建立良好、平等的师生关系，教给他们必要的社会交往技能，帮助他们建立亲社会行为。

2. 做好生活常规的管理

随着年龄的增长，幼儿骨骼肌肉和神经系统不断发展，他们的动作也相应地得到了发展，他们自我服务的愿望和要求也日趋强烈。在教师的引导和帮助下，中班幼儿的自我服务能力得到了进一步增强。因此，在小班养成生活常规的基础上，通过行为练习、榜样示范、及时鼓励等多种方法，重点培养他们养成良好的卫生习惯、进餐习惯、睡眠习惯以及基本的生活自理能力。

3. 搞好教育常规的管理

班级需要良好的教育常规来促进幼儿个体的全面发展。这就需要班级教师根据幼儿的年龄特点，制定合理的班级幼儿行为规则，对幼儿的行为进行外部约束，使之趋于规范。中班幼儿的行为规则包括幼儿一日活动作息制度、幼儿行为规范、值日生制度、活动区规则等。

（三）大班管理

1. 做好入学准备的引导

在大班期间，教师应注意继续培养幼儿的自我管理能力，与家长携手培养幼儿自己的事情自己做、自己管理好自己的物品、自己照顾自己的能力；注重幼儿独立能力、动手操作能力的培养；培养幼儿树立遵守规则、完成任务的意识；使幼儿养成按规则进行活动、专注做事的习惯；通过参观小学、体验小学的教育活动，帮助幼儿了解、熟悉小学的学习环境，熟悉小学的作息制度，激发幼儿想当小学生的情感。

2. 进一步加强生活常规的管理

在大班期间，幼儿良好的生活常规主要包括良好的饮食、睡眠、盥洗和排便等习惯，知道保护自身安全、保持身体清洁和仪表整洁。在日常生活中有良好的行为习惯，如说话有礼貌、能与人友好交往等。

3. 注重教育常规的管理

继续抓好小、中班以来形成的各项教育常规，同时逐步引导幼儿向小学的教育常规过渡，做好进入小学的衔接准备。

三、幼儿园班级管理的环节

管理过程是一个动态的过程。任何一个运动的过程，都可划分为几个组成部分，这些部分在管理学中称为"环节"。管理过程是由计划、执行、检查、总结四个环节构成的。也就是说，幼儿园的班级管理过程也应该由这样的四个环节组成。做好每个环节的工作，必然能提高班级管理的时效性。

（一）计划

计划是管理活动的起始环节。计划阶段的管理活动包括制定方针目标、规定任务、安排活动项目和设计方法步骤。

幼儿园班级工作计划是班级管理者为班级的未来确立目标并提出达到这一目标的方法和步骤的管理活动。班级工作计划应该由班主任负责，全体保教人员共同参与制订，主要包括班级情况分析、班级工作目标、实施措施和重要工作安排等。

班级工作计划是班集体行动的纲领，对班级管理工作的开展有领先、预见和调控作用，能提高工作效率，保证班级管理科学有序地进行。因此，班级工作计划的制订具有重要意义。

1. 幼儿园班级工作计划的依据

（1）园务工作计划

制订班级工作计划前，班主任一定要详细了解园务工作计划，要准确把握幼儿运动会、家长开放日等全园性重大活动的时间。一方面，将这些活动直接安排到班级工作计划之中；另一方面，可将与之相关的一些班级工作安排在这些重大活动前后。这样，不仅能使班级工作与幼儿园工作在时间上保持一致，而且在内容上相互配合，有利于计划的顺利执行。

（2）班级的实际情况

班主任要全面分析班级的基本情况，包括班级整体情况、幼儿的思想状况、身心发育特点等。

（3）教师及其他条件

制订计划时，班主任要分析本班保教队伍的业务能力、文化素养、工作态度、专业水平等。

2. 幼儿园班级工作计划制订的程序

（1）分析班级管理工作现状

教师在制订班级管理计划之前应通过多种途径，对本班前一阶段的工作状况做一个比较全面、系统的调查，并在调查的基础上做出深入、细致的分析。主要内容包括已经取得的成绩和实际存在的问题。分析主要从以下几方面进行：幼儿发展的情况、教师发展的情况、保教工作完成的情况，以及家园共育、社区教育、教研的情况等，在分析的基础上制订出切实可行的班级管理计划。

（2）明确班级工作目标

在分析班级工作现状的基础上提出各项工作的具体目标。主要包括幼儿发展、教师发展、保教工作日常管理、家园社区、教研等几方面，每一项工作在学期中都要有一个比较明确的近期目标，目标要具有可操作性，要与全园各项工作目标一致。

（3）提出具体措施

根据各部分近期目标和重点任务，提出实现目标的具体措施，运用多种形式和途径，保证班级各项工作的完成。

（4）列出逐月工作安排

根据每个月的日常工作和重点工作，将前面所提到的措施细分到每一个月份中，甚至可以细分到每一周之中，以保证总目标和各项保教工作的近期目标在每个月份中的具体落实，达到目标层层落实的目的。逐月安排通常使用表格的形式表述，这样条理清楚，不易漏掉某项工作内容。

（二）执行

1. 传达布置

把班级计划传达给每一位教师，使他们明确工作计划的目标、工作重点、步骤安排等。这实际上是统一思想的过程，目的是使教师了解工作的意图，明确制订工作计划的意义，从而自觉执行工作计划。

2. 落实责任

把班级工作计划的要求、职责、任务等分解落实到每一个人，使大家各司其职、各负其责，从而保证计划得到落实。

3. 加强协调

为保证班级工作计划的实施，保教人员要加强协调配合。在执行计划的过程中要注意，计划是事先预想出来的，它与实际情况还有一定差距。况且现实也在不断变化，这就要求教师在执行计划时，要注意班级发生的各种情况，及时分析、及时解决，对计划做适当调整。

（三）检查

检查工作是否按计划执行，执行的效果如何，是否达到目标，有无偏差，找出具体原因。检查可以采取领导检查与教师自查结合的方式进行。

1. 检查落实情况

对照既定计划逐条进行检查，看看计划与落实情况有没有差距，若有，分析原因是什么。一方面，园所领导者、管理者要深入班级进行检查、督促、指导，帮助教师在班级管理实践中端正教育观念，改进教育方法。另一方面，教师要对照计划进行自查。通过自我反馈，检查工作效果，找出存在的问题与不足，并分析原因，为改进工作提供依据。

2. 分析计划的可行性

计划执行后，对计划制订得合理与否，要有进一步的看法，包括班级的环境状况，活动设计的程序、安排是否合理，活动时间安排是否符合幼儿身心发展规律。从而为下一个周期计划的制订提供依据。

（四）总结

教师每学期应对自己的工作做较全面的总结。在各个阶段，也可以做一些小结。教师通过总结，可以吸取经验教训，探索班级管理规律。在总结中要注意以下问题。

1. 实事求是

总结要肯定主要成绩，发现存在的问题，弄清哪些是本质的、必然的、经常出现的现象，哪些是非本质的、偶然的、暂时的现象，并做出恰当的分析。既不要虚假夸大，也不要过于自谦。

2. 分清主次

在进行班级管理总结时，不要"眉毛胡子一把抓"。要在分析的基础上进行归纳、概括，找出有规律的东西。切忌罗列现象，报流水账。

3. 注意积累经验

总结是对前面工作的分析和述评，教师应不断地积累，为今后的工作奠定基础，同时也可以为开展科研活动积累素材。

四、提高班级管理的时效性

（一）实现一日工作程序化

明确的生活制度和常规是幼儿园保教人员一日工作程序化的前提。常规是管理的手段，幼儿生活制度的建立和常规的建立，是集体保教幼儿的需要。常规对于保教人员而言，是保证正常保教秩序的前提，有助于创建良好的工作环境，提高工作效率。常规本身也是教育的重要手段。教师在执行班级管理计划的过程中，要注重对幼儿的常规培养，将道德教育与日常生活教育结合起来，逐步培养幼儿良好的生活卫生习惯，促使其掌握生活知识和技能，增强行为的目的性和意识性，发展自律能力，培养集体意识等。安排幼儿园的一日生活流程时，大的环节上要保持相对稳定，同时要避免像小学生的作息时间那样机械呆板，应当有一个有序灵活的作息时间表，按照时间表进行，实现一日工作程序化。

（二）分清工作的轻重缓急

在工作中，不少人习惯先做喜欢做的事，然后再做不喜欢做的事；先做熟悉的事，然后再做不熟悉的事；先做容易的事情，然后再做难做的事；先做只需花费少量时间即可做好的事，然后再做要花费大量时间才能做好的事；先做有趣的事，再做枯燥的事。而更多的人会按照事情的紧急程度来衡量事情的重要程度，认为越紧迫的事，其重要性越高；越不紧迫的事，其重要性越低。但是在很多情况下，越重要的事偏偏不紧迫。如果我们按事情的"缓急程度"办事的话，不但会使重要的事情的实行遥遥无期，而且经常会使自己处于危机或紧急状态，最大的恶果是使原本重要不紧急的事转化为既重要又紧急的事。

科学的时间管理原则是，利用有限的时间，高效率地完成至关重要的工作。任何工作都有主次之分，如果不分主次地平均使力，在时间上就是一种浪费。对待关键事情和主要工作，我们要用全部精力将其做到最好。所以，处理事情优先次序的判断依据是事情的"重要程度"，即对实现目标的贡献大小，而非事情的"紧急程度"。

幼儿园的班级管理工作中，事情种类繁杂，更要求教师要分清轻重缓急，设计优先顺序，把主要的时间和精力放在最具有"生产力"的工作上。我们可以采用有名的"时间管理四象限"法来分类处理各类工作。

总之，把当前的所有工作分类后，用80%的精力和时间去做能带来最高回报的第一类工作，而用剩余的时间和精力去做二、三、四类工作，这样分清主次，把主要精力放在最重要的事情上，就能轻松解决工作中出现的问题。

第二节　幼儿园空间管理

一、幼儿园环境及环境创设的原则

（一）幼儿园环境的相关概念

幼儿园环境是指幼儿园内幼儿身心发展所必须具备的一切物质条件和精神条件的总

和，具体包括物质环境和心理环境两个方面。物质环境主要是指可见的、有形的环境。心理环境实际上指的是幼儿与周围人的关系，即教师与幼儿、幼儿与幼儿、教师与家长的关系。

良好的教育环境应该符合幼儿发展需要，与教育任务和教育要求相适应，它是教育计划的一个重要组成部分。也就是说，应有目的、有计划地将体、智、德、美全面发展教育寓于环境布置之中。

幼儿园环境创设是指教育者有目的、有计划地设计、制作、投放和安排有利于幼儿园教育活动的环境要素，以促进幼儿身心健康发展。

《幼儿园工作规程》明确指出，要创设与教育相适应的良好环境，为幼儿提供活动和表现能力的机会与条件，促进每个幼儿在原有的水平上得到不同的发展。

（二）幼儿园环境创设要遵循的原则

1. 安全性原则

安全是幼儿园创设教育环境的基本原则。因此，设置环境时，教师必须顾及幼儿身心两个方面：一是心理安全，即让幼儿深切地感受到教师是很关心和爱护他的，在幼儿园能得到大家的尊重，就像在自己家里一样温暖；二是身体安全，必须注意物品摆放的位置是否合适，还要注意创设材料对幼儿是否容易造成伤害，如废旧物品制作的玩具是否会对幼儿造成伤害，安排的场地空间是否令人感到压抑，它们之间是否会互相干扰。另外，还要教育幼儿不要接近危险的东西，如电插座、电线等。

2. 启发性原则

环境创设的内容应能刺激幼儿的好奇心，引起他们的求知欲，启发幼儿去思考、探索。例如，在活动室里设置图书角，准备一些各种体裁的图书，让幼儿在图书角里自由阅读。

又如，利用各种不同质地的材料组成一幅画面，让孩子们用手去触摸，通过触觉感知粗糙、细腻、坚硬、柔软、厚薄等不同的感觉，引发幼儿对以往生活体验的联想，培养幼儿的思维能力。

3. 发展性原则

幼儿园环境的发展性是根据当前的教育目标和幼儿的现有水平，分期变换创设的。例如，小班初期的幼儿绘画技能有所欠缺，教师共同和孩子合作创设环境，制作班级树时，老师画树，让孩子们添画树叶。到了中班，孩子们的绘画技能有所提高，作品也很丰富，可以开设"班级小画展"，激发孩子们的绘画热情和兴趣，使他们体验到成功感和自豪感。

到了大班，孩子们的绘画技能进一步提高了，老师可以提议孩子们开设"个人小画展"，使孩子们的审美情趣再次提高，在活动中培养孩子的交往能力、语言表达能力等。

4. 动态性原则

环境的动态性包括两层意思：一是指环境的创设要根据教育和幼儿的发展需要不断发展变化；二是指在不断更新环境的过程中，为幼儿提供更多参与活动和表现自己的机会和条件。例如，在创设帮助幼儿认识四季变化规律和特点的壁画时，老师可以采用留、变、添、减的方法。

5. 互动性原则

环境是幼儿艺术活动不可分割的一部分，它有时是艺术活动的起始，有时是艺术活动的延伸。为了让幼儿对教学活动有所了解，引发幼儿的学习和探索兴趣，教师可将所要学的知识在环境中露出冰山一角，引导幼儿们对所学的内容积极关注。为了让学有余力的幼儿进一步得到心理和能力上的满足，让学力不足的幼儿有一个更长的消化知识的过程，教师还可以适当引申。

6. 经济性原则

幼儿园环境创设要坚持低费用、高效益的经济性原则，勤俭节约，因地制宜，充分利用社区资源，就地取材。在保证清洁、卫生的前提下，利用废品，一物多用，不浪费宝贵资源，不盲目攀比，不追求设备设施的高档化和园舍装修的宾馆化。

二、幼儿园室内外物质环境创设

幼儿园物质环境的基本要素包括园舍建筑、设施设备、活动场地、教学器材、玩具学具、图书音像资料、环境布置、空间布置以及绿化等有形的东西。

幼儿园物质环境的结构分类：①从范围来分：园区环境、教室环境、区角环境；②从三维空间来分：地面环境、墙面环境、空中环境；③从性质来分：自然环境、人工环境。

幼儿园物质环境的创设应满足幼儿发展的需要，服务于幼儿发展的过程，其成效反映在促进幼儿发展的结果上。我们这里主要从室内环境和室外环境两个方面进行分析。

（一）幼儿园室内物质环境的创设和利用

1. 室内活动空间的合理规划

有条件的幼儿园可把空间进行小型分隔。根据各种活动的不同性质和功能对空间进行区域划分，活动室的布置要便于幼儿移动、建造、分类、创造、摊放物品、制作、实验、装扮、展现作品，以及便于个别幼儿、小组和集体活动。

无条件的幼儿园创设条件可将睡眠室改造为区域活动室，原活动室与可移动的睡眠室合二为一；利用走廊开设种植区域、动物养殖区域；将区域活动集中设置或分散设置，实现资源共享。

2. 室内其他空间的创设与利用

（1）墙面

应创造富有童趣、艺术化、鲜艳明快的色彩墙面，最好有可操作空间，给幼儿以亲切、喜悦、参与感。所有的东西都是根据幼儿的身高来设计的，这样便于幼儿观察和选择。1 米以下的墙面，以幼儿装饰为主；1 米以上的，由师幼共同完成。尽可能使用可变性强的软墙，这样可以随时对布置在软墙上的材料进行拆除、移动、更换等。

（2）楼梯

要充分合理地利用楼梯的墙面和地面，如布置靠右行走的规则"脚印"和幼儿作品等，同时要保证楼梯的安全扶手及防滑设施的表面清洁。

（3）天花板

可设置便于悬挂玩具的移动装置。

（4）走廊

走廊的光线充足，可适当摆放植物和盆盆罐罐，并安放在便于观察、操作的地方。

（二）幼儿园室外物质环境的创设和利用

幼儿园室外物质环境的创设要合理安排空闲角落与场地，充分利用园内自然物，场地设置要富有变化，有平地、缓坡、土坑、阶梯、木屋、帐篷、迷宫、树丛等。幼儿在这样的场地上游戏，将获得自然而均衡的发展。另外，还可以提供轮胎、木桩、板条、水管等各种废旧材料和自然物，供幼儿创造组合，满足他们身心健康、认知建构、交往合作等方面的需要。

具体做到以下四点。

1. 地质地貌多样化

幼儿喜欢运用沙、水泥制品、鹅卵石和原木来建造雕塑、土丘、隧道、斜坡等，因此，户外的地质要包括沙地、水泥池、石地、塑料池和草地五类，地面要富于变化：有高有低，有凸有凹，有平地有斜面，有阶梯。

2. 场地划分区域化

基本分为器械区、游戏区、沙水石区、休闲区、动物区、植物区、生活学习区和科学观察区。

3. 设备器械多功能化

如在玩沙区接入水管，将玩沙玩水相结合；在沙坑区，两根绳挂起一块板就是"冲浪船"，沙坑是安全软地面。

4. 场地设置游戏化

场地上可以放置各种建筑材料以及废旧的设备和材料，最好有一间简易小屋储存各种工具。在这种场地上一般由教育者带幼儿开展各种自然活动，如建造小屋子、垒城堡、砌墙、种植、爬树、挖洞、挖水沟，以及饲养小动物等。

（三）幼儿园物质环境的材料提供与幼儿行为

幼儿园物质环境材料，是指为幼儿各种活动的进行、维持与发展提供的各种物品、器具与资料等。

1. 材料的数量

活动材料的数量直接影响到幼儿的行为。活动材料的减少会导致幼儿吮手指等紧张行为增加、攻击性行为增加。托幼机构里的大部分冲突都与材料的数量密切相关。

2. 材料的性质

儿童喜欢色彩鲜艳、特征明显、变化多端的材料。

儿童大多喜欢原始材料（如黏土、沙、砖），而机械玩具对很多儿童来说没有多大的吸引力。

能够建构其他物体的材料（如积木和砂石），使儿童的注意力保持得最长，也最能促进儿童之间的交流和合作。不同性质的材料对儿童社会交往能力的培养的作用不同。

3. 材料的投放与儿童的选择行为

材料的投放有限制性投放与非限制性投放两种。限制性投放，是指由教师控制材料，并限制儿童对材料的获取；非限制性投放，是指儿童可以根据自己的需要，自由获取材料。两种方式都有自己的教育功能，应当将其结合起来。

投放材料时注意：第一，坚持有序投放，充分考虑幼儿的年龄、发展水平、区域的特点以及投放的时间；第二，综合投放更有利于维持儿童的注意力，培养儿童的象征性游戏能力和社会交往能力。

三、幼儿园精神环境创设

幼儿园精神环境是指幼儿园的心理氛围，它是一种重要的潜在课程，涉及范围广泛，包括影响教职工和幼儿的精神状态、情绪的一切因素。幼儿园精神环境的构成要素主要有幼儿园在一定时期内形成的大众心理、幼儿园文化、幼儿园人际关系。精神环境对人的影响具有广泛性、潜移默化性、持久性的特点。特别是对于正处在身心发展过程中的幼儿来说，精神环境的影响更是潜在而深刻的。

（一）建立良好的交往

在拥有丰富物质环境的基础上，建立一个良好的精神环境，有利于幼儿身心健康发展。幼儿园内幼儿与教师之间、幼儿与幼儿之间、教师与教师之间所建立起的种种情感，表达情感的方式，以及语言、行为、习惯等形成的园风，对孩子的成长具有重大作用。

1. 教师与幼儿的交往

教师是幼儿社会性行为的指导者。除了要教给幼儿正确的、适宜的行为方式与规则以外，教师自身对待幼儿的情感态度的作用是巨大的。教师在与幼儿的交往中要注意以下三方面。

首先，应对幼儿表示支持、尊重、接受。这是建立师生间积极关系的基础，也是进一步培养幼儿良好社会性行为的基本条件。教师要善于理解幼儿的各种情绪情感，不对不招自己喜欢的幼儿产生偏见，相信幼儿有自我判断、做出正确选择的能力，善于对幼儿做出积极的行为反应。

其次，教师应当以民主的态度来对待幼儿，要善于疏导而不是压制，允许幼儿表达自己的想法和建议，而不以命令的方式去要求幼儿。这种自由而不放纵、指导而不支配的民主态度和方式能使幼儿觉得自己是一个独立的个体，受到尊重和鼓励。这样的教养方式能使幼儿具有较强的社会适应能力，使幼儿变得积极、主动、大胆、自信，同时，有助于幼儿的自我接纳能力和自我控制能力的发展。

最后，在教师与幼儿的交往中，要尽量采用多种适宜的身体语言动作，如微笑、点头、注视、肯定性手势、抚摸、轻拍脑袋、轻拍肩膀等。在师生交往中，应尽量采用这类"此时无声胜有声"的方式，用身体接触、表情、动作等来表示自己对幼儿的关心、接纳、爱抚、鼓励或者不满意、希望停止当前行为等。教师在与幼儿交谈时，最好保持较近的距离和保持视线接触。恰当的眼神、表情的使用能使幼儿对教师的情绪状态和对自己行为的反馈有更为明确、深刻的体会。

2. 幼儿与幼儿的交往

虽说幼儿与幼儿间的交往态度、行为在很大程度上是由幼儿群体的自身特征决定的，但教师也可以通过对幼儿进行教导和自身的努力来为幼儿创造一个积极交往的背景，从而有效地影响幼儿的交往态度和社会行为。根据我国目前独生子女占多数，且一些家长溺爱幼儿的实际，教师应当让幼儿在交往中做到以下几点：共同交流思想与感情，同伴间相互关心，团结友爱，玩具共享，礼貌待人等。为此，教师可营造积极的环境气氛，提供社会性交往的活动机会以及通过积极的教导训练来进行。

（1）引导幼儿学会相互交流自己的思想、感情

幼儿的观察能力比较差，尤其是自身还存在自我中心的观念，不善于察觉他人的思想感情、需要等，缺乏对他人情绪情感状态的认知、了解，以致缺乏帮助、关心、抚慰、同情他人等亲社会行为。教师可以引导幼儿与同伴交流自己的思想和感情，让幼儿之间相互了解，进而产生相互帮助、合作等行为。这也能使幼儿学会正确的反馈方法。为了达到这个目的，教师在平时应让幼儿相互说说对某件事情的感受，让幼儿学会观察他人的喜怒哀乐表情，了解他人的情绪、情感、状态等。

（2）建立同伴间相互关心、友爱的气氛

让幼儿学会正确关心人的行为方式，让全班有一种相互关心、友爱的气氛，这是良好精神环境创设的重要内容。如果一个班的幼儿在你碰我、我碰你的拥挤状态下，没有相互嚷嚷，也没人向老师告状，而是相互礼让、询问关心时，则说明这个班已经有了较好的班级气氛。教师的教导应贯穿于日常教育活动中的每一个细小环节中。例如，游戏时要玩具共享，不能抢夺；不小心碰倒别人时，应赶紧把他扶起来，并帮着掸掸土，说"对不起"；而当自己被撞时，也别得理不饶人，更不能因此去打别人；相互间交往时应习惯说"请""谢谢""对不起"等用语。教师要鼓励缺乏交往技能或过分害羞的幼儿积极参与到班级活动中来，并鼓励其他幼儿与他们交往，使他们由此获得人际交往的愉快感，增强自信心。

3. 教师与教师的交往

教师与教师之间的人际交往对幼儿的社会性培养具有多重影响。

首先，教师间的交往是幼儿同伴交往和做出社会行为的重要榜样。教师要求幼儿要互相关心、帮助、抚慰、合作，如果教师自己也做到了，那孩子就更容易产生这种行为方式并且会长期稳定下来；反之，如果教师之间漠不关心，那么教师再怎么强调培养孩子的爱心、同情心，其效果势必也会大打折扣。

其次，教师间的交往涉及班级、幼儿园是否具有良好的心理气氛。教师间如果相互关心、相互帮助，则会给班、园带来一种温情，容易激发出幼儿积极的社会性行为。幼儿也会耳濡目染，不仅学会体察别人的情绪情感，也能学会正确、适宜的行为方式。所以，在创设精神环境时，要注意主班老师与配班老师之间、全园教师和全体教职工之间的交往，为幼儿的良好社会性发展做出榜样。

除了人际环境以外，幼儿园的日常规则、一般行为标准也是幼儿园精神环境创设的重要部分。这里的日常规则是针对幼儿园日常活动与教学中经常要遵守的那些规定而言的。例如，教师讲课时要注意听讲，使用玩具时要分享、谦让，接受别人的帮助后应当道谢，等等。向儿童提出规则和行为限制是保证教育教学活动和日常生活的必然要求，儿童能够自然而然地对社会交往中一些基本的规则、限制有一些体验和感性认识。而一般行为标准指的是幼儿进行哪种行为会受到同伴的接受、老师的肯定。例如，教师在幼儿初来幼儿园时就明确向幼儿给出这样的信息：打人、骂人在幼儿园是不可行的，没有人会喜欢；而关心、帮助别人肯定会得到老师的表扬，小朋友也会高兴等。这些规则和标准在教育活动中应当作为一种前提灌输给幼儿，从一开始就要非常明确，并要一贯地执行下去，使幼儿在具体、真实的交往活动中运用并体验。

在实际中，幼儿的发展并非单纯受幼儿园一种环境的影响，他们同时还接受来自其他大大小小各种环境的影响。而且，各种环境之间也不是独立、静止存在的，而是相互作用、相互影响的，其作用过程和关系会形成更大的环境系统。在环境系统中，还有一个对幼儿社会性发展来说非常重要的环境，即家庭环境。家庭环境包括社会经济地位、人员构成、相互交往方式、父母奉养方式等，其对幼儿社会性发展的导向作用极其重要。教师虽不能像创设幼儿园环境那样去设计和塑造幼儿的家庭环境，但在教育过程中，一定要注意每个幼儿都有不同的家庭环境，应努力向家长灌输和宣传适宜、正确的教育观念，建立密切的家园联系，以影响、促进幼儿更好地发展。在这方面，教师要从改变家长的教育观念和教育行为入手深入了解家长的教育观念、教育行为以及其与幼儿的交往方式，从而有针对性地对幼儿进行适当的教育与引导。

（二）对教师的要求

1. 热爱幼教事业，有良好的师德

无私奉献、一切为了孩子，是幼教工作者最基本的品德。教师是幼儿心中的偶像，具有很大的影响力，所以教师必须加强人格师德修养，树立正确的教育思想，这样才能对幼儿产生积极的作用，促进幼儿的身心健康发展。

2. 热爱幼儿、尊重幼儿，建立真正平等的师生关系

教师的爱可以为幼儿的发展创造一种温馨气氛。如年龄小的孩子进园总免不了哭鼻子、想妈妈，但当他们看到老师亲切的笑脸时，会搂着老师说悄悄话，像亲妈妈一样亲老师，会很快停止哭闹。如果老师随便责备幼儿，态度过于严厉，幼儿会处于紧张、焦虑状态，今后则会缺乏自信，产生智力活动消极、胆怯等现象，进而影响幼儿的心智发育。

3. 善于观察、指导幼儿的活动

幼儿在活动、操作过程中，难免会碰到这样或那样的困难：由于幼儿的能力存在差异，教师为幼儿准备的活动材料，对有些幼儿不适合，教师必须及时为幼儿调整活动材料；由于幼儿对活动规则或操作方法不明白而无从入手，教师应讲解清楚并及时给予指导。要发现幼儿在活动中存在的问题，善于观察幼儿的活动，并根据存在的问题及时做出相应的调整。例如，针对幼儿水平差异制订弹性活动计划，提供多种类别的活动材料，对能力弱的幼儿多给予指导，让他们多获得成功的体验，增强自信；而对能力强的幼儿，应根据其水平选择相应的材料，让他们的能力充分得到锻炼。只有这样，才能最大限度地发挥环境的教育作用。

4. 有丰富的知识和良好的教育艺术水平，所提供的教育内容要满足幼儿的求知欲

幼儿对日常生活中的所看、所闻，特别是对千变万化的大自然有着浓厚的兴趣，他们会向老师问许许多多的"为什么"。如果教师一问三不知，幼儿就会觉得很扫兴，老师也会失去在幼儿心中的威信。所以，教师必须不断学习，使自己具有丰富的知识，准确回答幼儿的问题，满足幼儿的求知欲；要求采取高效的教育法，深入浅出地让幼儿接受教育，提高幼儿的学习兴趣，培养幼儿的观察力、注意力、思维力、记忆力和想象力。

5. 指导幼儿建立良好的合作关系，在幼儿之间创设宽松愉快的交往合作环境

由于每个幼儿来自不同的家庭，有不同的个性，幼儿与幼儿之间在交往活动中会存在很多问题，如争执、互不尊重、相互干扰等。教师应对发生的问题及时分析、解决，用不同方法解决不同的问题，或帮助幼儿懂得以礼待人，或增加活动材料，或调整活动区的分布。同时，教师解决问题的方式必须建立在尊重、平等的基础上，为幼儿建立起一个良好的同伴交往环境。

第五章 幼儿园人力资源与常规事务管理

第一节 幼儿园人力资源管理

人力资源管理，是指运用现代化的科学方法，对与一定物力相结合的人力进行合理的培训、组织和调配，使人力、物力经常保持最佳比例，同时对人的思想、心理和行为进行恰当的诱导、控制和协调，充分发挥人的主观能动性，使人尽其才、事得其人、人事相宜，以实现组织目标。人力管理资源建设主要包括组织机构、招聘体系、培训体系、薪酬绩效考核、员工管理。

人是管理的核心要素，也是管理过程中最活跃、最积极的因素，包括幼儿园的管理者和被管理者。管理者要做到人尽其才，就要根据个体特点和岗位职责，实现三个环节的管理，即选拔、培养和激励。其中，人的选用是基础，人的培养是核心，人的激励是关键。

一、组织机构的建设

组织机构建设是指围绕组织发展目标，对其机构和制度的架设，包括确定组织的架构，设立三层管理制架构图；定岗、定编、定员管理，对各部门设定岗位名称，明确各岗位人数编制和岗位任职条件等。

（一）幼儿园组织机构的基本概念

幼教组织机构，是指为达到一定的育人目标而共同活动的人群集合体。幼儿园组织机构的设置，是指在一定的环境条件下，按一定形式与层次组成的机构体系，形成有机结合的活动功能系统。它既能维系这种人群集合体的内部关系，又与外部特定机构与社会系统相联系。幼儿园组织机构设置就是通过建立适宜的机构及活动规则，确定领导关系和职权分工，将幼儿园所拥有的人力、物力等组织起来，较好地实现幼儿园的任务目标。

（二）幼儿园组织机构的设置依据

1. 国家和教育行政部门的有关规定

幼教机构是社会大系统中的一个子系统。在设置幼教机构时，必须明确幼教组织与社会系统的关系。国家和教育行政部门通过法律和行政法规等管理和调控各类教育机构。因此，幼儿园机构的设置必须参照国家和地方及其教育职能部门有关文件的内容与精神，将其作为幼儿园建设的根本依据。

2. 幼儿园自身实际

幼儿园组织建设还要考虑园所内部环境和工作需要。例如，要从园所规模大小、服务时间长短等组织任务目标情况来确定机构的设置，同时还要从幼儿园所处环境位置、自然地理条件以及园所拥有的物质、资金、人员状况等方面的具体条件出发，考虑机构的设置与建设。

总之，幼儿园组织机构的设置和建立要能最大限度地发挥人力资源的作用，提高组织的效能。为此，要根据幼儿园担负的任务目标，精兵简政，要从实际出发，因园制宜。幼儿园还要随社会生活条件的变化和社会对幼儿教育需要与要求的不同情况，对组织机构做出相应调整，使之趋于完善。

（三）幼儿园组织机构的设置层次

1. 幼儿园组织机构的管理层次

（1）幼儿园管理的高层为指挥决策层

园长为幼儿园行政负责人，是最高的行政领导者、指挥者。按照幼儿园编制标准，3个班及以下的幼儿园设1位园长，4个班及以上的幼儿园，设一正一副2个园长；10个班及以上的，或寄宿制的幼儿园设一正两副3个园长。

（2）幼儿园管理的中层为执行管理层

管理者是各个职能部门的负责人，即各部门主任。他们接受园长的领导，同时负责管理本部门教职工和组织本部门的工作，如教研主任、保育主任等。

（3）幼儿园管理的基层为具体的工作层

各班级或班组室等职能部门，如大班组、中班组、膳食组、财务组等是具体工作层。不同类型、不同规模的幼儿园，在机构设置、职能部门划分及人员配备上有所不同。如保健组可归总务部，也可设保健部。

2. 幼儿园组织机构设置的注意事项

幼儿园组织机构的设置要有利于园所管理职能作用的发挥。因此，须注意以下几点。

（1）建立健全行政组织体系，行使管理职能

幼儿园行政机构是行使管理职能的组织保证。园所行政组织要合理，层次要适宜，各部门工作内容要充实，形成运转高效灵活的管理体系，从而为保教工作提供有效的服务。

（2）发挥非行政组织的监督保证与管理助手作用

幼儿园组织机构体系要形成有机联系的功能系统。幼儿园的非行政组织，如党支部、教代会、工会等，既是管理助手，又起着保证、配合、监督和制约作用，是有效的管理活动必不可少的组成部分。这些非行政组织要发挥民主管理、民主监督和信息反馈的作用，为决策者提供参考。

（3）注重人员的选拔与任用

人员的任用与配备是组织建设的一项重要内容。幼儿园在机构设置中，要注意选拔适宜人选担当各部门负责人和班组长，形成保教与管理的骨干力量。幼儿园在人员任用上，要考虑力量搭配的平衡，要尽可能压缩非教育人员队伍，保证一线保教工作的力量。

（4）选择合适的幼儿园组织系统模式

中大型幼儿园与小型幼儿园在机构设置、管理层次与职能部门的划分、人员配置方面有所不同；同时，各个园所自身实际条件及人员素质状况等方面在客观上也存在差异，因而在组织体系建立上也是不同的。

二、招聘体系的建立

合理选人是合理用人的基础，也是人力资源管理的第一步，管理者应当建立科学的行业人员选择标准，采取多种考核手段和方法对人员进行全面的、细致的考察。包括：①建立招聘制度，有明确的用人标准、用人原则和招聘办法；②建立人才储备机制，进行员工内部培养；③人力资源需求计划管理；④面试与录用管理办法等。除此之外，要根据岗位职责确定各岗位人员的任职资格。国家要求将《幼儿园教师专业标准》作为幼儿园教师队伍建设的基本依据，制定幼儿园教师准入标准，严把幼儿园教师入口关；注重教师职业理想与职业道德教育，增强教师育人的责任感与使命感。因此，管理者在选拔幼儿教育岗位工作人员时，应坚持以下原则和步骤。

（一）秉承的原则

1. 幼儿为本原则

幼儿教育岗位工作人员首先要尊重幼儿的权益和人格，选拔时以品德考核为首，要求富有爱心、责任心、耐心和细心。

2. 任人唯贤原则

在人事选聘方面从实际需要出发，大公无私、实事求是地发现、爱护人才，重视和使用确有真才实学的人。

3. 因事择人原则

员工的选聘应以职位的空缺情况和实际要求为出发点，以职位对人员的实际要求为标准，选拔、录用适合岗位需要的人员。

4. 程序化、规范化原则

员工的选拔必须遵循一定的标准和程序。科学合理地确定组织员工的选拔标准和聘任程序，是组织聘任优秀人才的重要保证。

（二）选拔基本程序

1. 制订计划

了解各层级岗位工作情况，确定选聘要求，制订人力资源需求计划，通过各种渠道发布招聘信息。

2. 收集资料

根据岗位情况确定基本信息和面试要求，选择招聘人员、地点和时间，做好招聘中的组织宣传工作。收集符合条件的候选名单，初步了解其基本信息。

3. 举行测评

根据岗位差异和需求，选择多种方式进行人员考核。人员素质测评的方式较多，可分为智力测验、个性心理测验、情景模拟测试、工作现场测试、职业成就测试等。通过拟定的程序和招聘标准，客观地做出聘用决定，并办理相关手续。

4. 后期工作

进行体格检查，报上级主管批准。

三、培训体系的建立

员工培训是指一定组织为开展业务及培育人才，采用各种方式对员工进行有目的、有计划的培养和训练的管理活动。公开课、内训等均为常见的培训形式。

（一）培训的类型和方法

员工培训按内容来划分，可以分为两种：员工技能培训和员工素质培训。员工技能培训是针对岗位的需求，对员工进行的岗位能力培训，如保育员技能培训、新老师入岗培训、公开课、展示课、国培、省培等。员工素质培训是对员工素质方面进行提升，主要有心理素质、个人工作态度、工作习惯等的素质培训。

（二）科学管理程序

园长要从人力资源管理和教职工队伍建设的角度出发，不断促进其发展。正确分析本园实际，充分掌握本园的人员状况，有效发挥组织的职能作用。一般幼儿园对教职工队伍的管理应遵循以下程序。

1. 规划

在对目前教职工状况和各层人员了解的基础上，制订人员培训和队伍发展规划，明确目标要求和各项措施等。

2. 任用

根据规划，合理安排工作人员，并通过岗位职责和规章制度，不断加强管理，有效地完成各项任务。

3. 培养

建立培训管理制度和员工学分制管理办法，鼓励员工提升个人素质，并实施分级培训和管理。采取多项措施对人员开展业务培训，不断提升教职工的素质和专业能力，为教职工队伍的建设提供机会和条件等。

4. 评价

考核评价是幼儿园人员管理的重要环节，涉及保教人员工作、业务技能、考勤以及业绩等。在考评时，要因人、因岗进行考评，坚持日常与阶段考评相结合，制定考评制度，公开公平考核等。

四、薪酬体系的建立

经济手段是实施幼儿园管理、调动教职工积极性的直接方法，它是根据教职工的工作表现和实际成绩以及按劳分配的原则，运用工资、福利、奖金、罚款等经济手段，组织调节和影响教职工的行动，以提高园所管理效率、实现园所管理目标。它包括建立薪酬制度，工资定调级管理办法、绩效考核管理办法制度。

（一）薪酬管理原则

按照因事设岗、因岗定酬、按劳取酬、多劳多得、奖惩分明的原则设计薪酬制度，并进行月度、年度绩效核算与评估，将绩效核算与评估结果与工资挂钩。

（二）员工收入

员工收入由结构工资、五险一金、其他福利三个部分组成。

结构工资＝岗位工资+薪级工资+绩效工资等。

五险一金："五险"指的是五种保险，包括养老保险、医疗保险、失业保险、工伤保险和生育保险；"一金"指的是住房公积金。

其他福利包括补贴（餐饮、住宿、交通、通信等）、加班工资、特殊岗位津贴等。

（三）绩效考核

幼儿园绩效考核是在分析幼儿园各级岗位工作职责的基础上，根据实际工作任务，对岗位人员进行德、能、勤、绩多个方面的量化考核。在绩效考核过程中，要明确考核的具体内容，描述客观且可操作，并对每项须考核的项目制定考评尺度。考评的尺度一般使用五类标准——极差、较差、一般、良好、优秀，也可建立分值体系。考评方法也可以采用多种形式。采用多种方式进行考评，可以有效地减少考评误差，提高考评的准确度。

五、员工管理

（一）园长负责制

1. 概念

园长负责制是指幼儿园在上级主管部门的统一领导下，由园长全面负责幼儿园的保教工作管理和行政管理，教职工参与民主管理，非行政组织进行监督的完整的领导体制。

2. 园长的权力和职责

园长在举办者和教育行政部门领导下，依据本园规程负责领导全园工作。园长是幼儿园的法人代表，对内负责全部工作，对外代表幼儿园，承担幼儿园管理的全部责任。园长的职能和职责是一致的，园长拥有幼儿园的最高行政权。园长有权在《幼儿园工作规程》和《幼儿园教育指导纲要（试行）》规定目标的指导下，决定自己幼儿园的具体发展规划和教育目标，并统筹幼儿园的全面工作。园长的决策权、人事权、财务管理权和奖惩权与他所担负的职责是一致的。实行园长负责制，加强园长的职责和权限，权责统一，有利于发挥行政管理系统的作用，实行集中统一领导，提高管理效益；同时，有利于对幼儿园保教工作进行业务领导，按教育规律办园办教育，确保幼儿园双重任务的完成。

幼儿园可建立园务委员会。园务委员会由保教、医务、财会等人员的代表以及家长的代表组成。园长定期召开园务会议（遇重大问题可临时召集），对全园工作计划、工作总结、人员奖惩、财务预算和决算方案，规章制度的建立、修改、废除，以及其他涉及全园工作的重要问题进行审议。

幼儿园应建立教职工大会制度，或以教师为主体的教职工代表会议制度，加强民主管理和监督。

3. 制度建设

幼儿园规章制度的管理效能涉及园所工作的各个方面，主要涵盖以下内容：①确定组织系统各层次、各部门的工作制度与人员职责；②确定全园和各部门工作学习的秩序和标准；③制定教职工行为规范；④对各类活动协调管理的规定。

幼儿园规章制度有两大类：一是国家立法机关即全国人民代表大会和各级政府及其教育行政部门等统一制定的教育法规和有关的规章制度。如《中华人民共和国教育法》《中华人民共和国教师法》《幼儿园管理条例》《幼儿园工作规程》，以及地方制定的幼教行政法规，有关的管理办法、制度规章等。二是幼儿园依据国家法律和教育行政机关制定的法规，结合本园实际自行制定的规章制度。

园内规章制度主要有四大类：全园性制度、部门性制度、各类人员岗位责任制以及幼儿园考核与奖惩制度。幼儿园主要须建立教育研究、业务档案、财务管理、园务会议、人员奖惩、安全管理以及与家庭、小学联系等制度。

（二）员工管理原则

1. 任人唯贤的原则

在幼儿园管理中，对幼儿教师、园长等各级幼儿教育部门的干部、职工的选用、培养、提升、奖惩等都要坚持以德、才、能、绩为标准，反对任人唯亲、论资排辈等。

2. 用人之长的原则

在幼儿园人事管理过程中需要了解幼儿教师、园长和职工等的特长和特点，善于根据个人所长合理安排使用。知人善任是选用人员的基本标准，能使人才各得其所、各尽其能。园长要通过日常观察深入了解每个教职工的思想状况、文化水平、工作能力、兴趣爱好、家庭情况等，根据幼儿园的发展需要，合理安排，尽量发挥其专长。

3. 重视绩效的原则

在幼儿园管理特别是人事管理中，要选择既懂业务又有干劲的人，注重以工作效绩为标准评价考核职工。凡是在促进幼儿身心健康发展方面有突出成绩的，服务家长、有益于幼儿园建设的教职工，都应得到领导的肯定。

4. 激励性原则

人们通过辛勤努力完成某项工作任务或获得成就时，往往会产生一种兴奋感，并怀有继续完成更加艰巨任务或攀登高峰的愿望。园长要为教职工提供充分表现的机会，委以重任，充分发挥其创造性和积极性。

5. 合理结构的原则

幼儿园的人事管理要关注幼儿园各级各类领导、干部及职员的人员比例和分配等，实现幼儿园效益的最优化。在员工安排上，实现优势互补，结构安排合理，根据全园教职工的不同特点，搭配班组，提高效率。

6. 因事用人的原则

因事用人就是根据"事情"或职位任务的需要来确定组织机制和员额。在幼儿园人事管理中，要明确幼儿园各岗位需要什么样的人并任用有相应专长的人，这样才能实现有效管理。

第二节　幼儿园常规事务管理

一、幼儿园安全工作管理

（一）幼儿园安全工作的地位及意义

《幼儿园教育指导纲要（试行）》明确指出：幼儿园必须把保护幼儿的生命和促进幼儿的健康放在工作的首位。这是由幼儿园教育对象的特殊性决定的。幼儿园安全工作的好坏在很大程度上影响教育的质量，幼儿园教育水平真正得到发挥，在于幼儿园安全保障工作落实到位。幼儿园的安全是根本，只有在安全的基础上，才能谈多种模式的教育。

（二）幼儿园安全工作管理的原则

第一，预防为主，防患于未然。
第二，组织有序，和谐自然。
第三，提供充分的活动时间与空间。
第四，教育与信任并重，处理好"管"与"放"的关系。

（三）幼儿园安全工作的管理

《幼儿园教育指导纲要（试行）》之所以将安全问题放在幼儿园工作的首位，主要原因：①身体是人发展之本，没有生命或生命质量差则谈不上人的发展或良好发展；②近年来幼儿园安全问题不断发生，安全事件日益成为人们关注的焦点，意外伤害事故已成为影响幼儿健康成长的第一因素。如何做好幼儿园的安全工作，采取有效的安全防范措施，减少意外事故的发生，提高幼儿的生存质量，已成为家庭、幼儿园乃至整个社会关注的重要问题。

1. 加强领导，建立安全工作责任制

（1）加强领导，成立机构

首先，幼儿园应从加强领导、落实安全责任入手。成立安全工作领导小组，由园长任组长，分管的副园长任副组长，后勤管理员、保健医生、教研组长、各班班长等负责人任成员，具体负责安全工作的有关事宜，由园长亲自挂帅负总责，分管副园长具体抓落实，园部、各归口行政人员、班级层层抓执行，形成全园上下齐抓共管的局面。其次，把幼儿园安全工作摆上重要议事日程，纳入年度工作计划，年初结合园所特点制订具体有效的安全工作计划，并认真执行。要经常召开安全专题会议，分析安全工作存在的隐患与问题，研究制订具体方案和措施，促进幼儿园安全工作扎实开展，营造强有力的工作格局。

（2）签订责任书

为确保安全工作责任的落实，建立健全安全工作责任制，每学期开学初，园长与各类人员签订安全目标责任书，使安全工作责任到人，实行层层负责的目标管理责任制，做到年初有计划、有部署，平时有督察、有评比，年终有总结、有奖惩。杜绝各类安全事故的发生。

2. 建立健全安全制度和应急预案

幼儿园首先要抓好制度建设，狠抓规章制度的落实，建立健全一系列安全工作规章制度和突发事件应急处置工作预案。建立领导值班制度、门卫制度、节假日值班制度、幼儿接送制度、卫生保健制度（即环境卫生、消毒隔离、预防接种、登记统计制度）、预防疾病制度、健康检查制度、幼儿服药登记制度、食堂和食品卫生安全制度、伙食管理制度、食品质量验收和检查制度、食品留样制度等。除此之外，还要建立幼儿园突发公共事件应急预案、校园安全应急预案、食物中毒预案，以及火灾、防汛抗灾、地震及重大事故紧急疏散等预案，并进行演练。制定园长、教师、保育员、医务、财务、后勤、门卫、炊事等各类人员的岗位职责。有关制度及职责均应形成书面文字，并张挂上墙，做到职责明确、分工具体、责任到人。

3. 强化幼儿园内部管理，安全措施落实到位

（1）加强门卫管理

为了进一步加强园内秩序管理，首先，幼儿园应配备专职门卫固定值班，坚持每天24小时值班制，每天严格执行门卫制度和外来人员的登记制度。凡有人来访，必须认真做好登记，严禁陌生人进入校园。各班教师严把幼儿接送关，要求家长亲自将幼儿送到教师手中。其次，要加强领导值班工作，每天安排行政人员值班，加强巡视检查，做到天天有人值班，加大午睡环节的安全巡班，防止意外事件的发生。行政值班人员还要协助门卫进行监管，严禁家长的摩托车、自行车及宠物进入园内，确保幼儿园周边道路畅通，保证家长和孩子的出入安全。

（2）加强食堂卫生安全管理

幼儿园要严格执行《中华人民共和国食品卫生法》，食堂工作人员要持健康证上岗，每年体检一次。把好进货关，必须到正规渠道采购食品，严禁购买腐烂、变质食品及原料进入园内，应与各家供货商签订协议书，确保幼儿食品卫生安全，每天还必须做好食物留样工作。保健医要认真检查食品是否符合卫生安全条件，合理安排幼儿食谱和定期做好幼儿营养计算工作，指导炊事员科学烹调，做好干稀搭配、荤素搭配；每月定期召开伙委会，及时了解幼儿伙食情况，保证幼儿食物营养充足平衡，多样丰富。炊事员要把好食品的入口关，发现有不卫生、变质和过期等问题的食品必须立即报告，同时必须严把厨房关，严禁无关人员进入厨房，杜绝意外事故的发生。炊事员除了做好幼儿三餐一点外，对厨房用具，如刀、菜板、盆、筐、抹布等应做到生熟分开，洗刷干净，食具要餐餐消毒，严防食物中毒和肠道传染病发生。

（3）做好园舍、设施设备安全检查

幼儿园安全领导小组要经常深入一线检查，对幼儿园园舍、设施设备采取定期检查和不定期抽查，确保安全工作落到实处，如对幼儿园的水电、燃气等安全工作重点要求值班人员天天检查，保证万无一失。户外大型活动的器械要由专职人员负责检查，发现问题及时解决，对幼儿园的房屋、水电、场地、家具、玩具、用具及大型活动器械要经常进行全面排查，发现问题立即整改，消除各种安全隐患，避免触电、砸伤、摔伤、烫伤、溺水等事故的发生。

4. 开展丰富多彩的安全教育活动

幼儿园要充分利用安全教育月和安全主题教育等契机，根据幼儿不同的年龄特点，开展丰富多彩、生动形象的安全教育活动。

①大班开展以交通安全、消防安全为主的教育内容，开展安全过马路、有趣的交通标志、过街要走人行道等交通安全教育，通过环境布置、图片展览、讲故事、朗诵儿歌、游戏活动、观看动画和影像等形式，让幼儿了解交通规则及交通安全常识，不断提高幼儿的安全防范知识。聘请消防救援人员来园进行消防安全知识讲座，并进行实地演练。开展"我是小小消防员，发生火灾怎么办"主题活动，通过观看录像、图片，使幼儿知道火灾给人们带来的危害，懂得火灾自救常识和方法。通过创设情景，开展消防人员救人、紧急撤离模拟表演，让幼儿在游戏中亲身体验遇火灾自救逃生的方法和技能，增强安全防护意识。

②中班可以开展食品安全主题活动，通过故事情景表演，讨论"为什么肚子疼了""注意饮食卫生""三无食品能吃吗"，告诉幼儿不吃"三无"食品，使幼儿知道要吃干净的食物，饭前便后要勤洗手，饭后要漱口，早晚要刷牙，从小养成良好的卫生习惯。通过设计食品安全知识调查表，让幼儿知道食品卫生的重要性，增强幼儿自我保护意识。了解如何鉴别安全食品，懂得哪些食品属于健康食品，哪些属于"三无"食品，请幼儿设计食品安全标志。教育幼儿注意饮食卫生，不买"三无"食品。

③小班主要培养幼儿自我保护意识，教育幼儿不随便跟陌生人走，不随便吃陌生人的东西，记住家庭电话、住址及父母姓名。例如，可以通过讲故事《小明和陌生人》，向幼儿介绍迷路时或陌生人带走自己的自救方法。开展危险的地方、遇到意外的安全主题活动，教育幼儿应该怎样注意安全，避免危险，遇到危险时不慌张，能够沉着应对，采取应急措施，增强幼儿自我保护意识。通过讲解受伤了怎么办、小纽扣不能吃、碗里的汤泼了等，向幼儿介绍烫伤、烧伤、出血及出现意外事故的自救方法，培养幼儿自我保护能力。开展角色游戏"大街上"，让幼儿懂得过马路要走斑马线，遇到红灯停、绿灯行，走失时要找交警叔叔帮助，能说出父母姓名、家庭地址和电话。还可以开展"保护自己办法多""会打求救电话"等活动，增强幼儿的自我保护能力。

此外，还可以让幼儿通过自身观察，寻找和发现周围生活中的危险源，并把危险的地方记录下来，设计安全指示标志，当好安全小卫士，提醒大家注意安全；同时，教给幼儿必要的安全知识。

5. 家园配合，形成安全教育合力

对幼儿进行安全教育单靠幼儿园的教育是远远不够的，需要家长配合，形成安全教育合力。幼儿园要重视家庭教育，开辟"安全工作宣传栏和家教专栏"，开展"家长园地""致家长一封信""告家长安全书"活动，定期召开家长会，举办家长半日开放活动，向家长宣传安全教育的重要性和必要性，增强家长的安全防范意识，让家长主动参与对幼儿自我保护能力的培养，切实将安全教育的内容延伸到每个幼儿家庭中。利用家长资源，请家长来园为教师、幼儿开展交通安全常识和消防安全知识讲座等，家园配合共同努力，强化幼儿的安全意识。

（四）幼儿园安全工作的开展

幼儿园的安全工作，特别是幼儿的安全是至关重要的。幼儿年龄小，缺少生活知识和经验，缺乏独立行为能力，然而又好奇、好动、好探索，在活动中对危险事物不能做出正确判断，不能预见行为后果，面临危险时不会保护自己。幼儿园作为集体保育和教育机构要对全体幼儿的安全负责。幼儿园的安全工作是保证幼儿生命安全的重要措施。

幼儿园安全工作是一项涉及全园各个部门的工作，如门卫、场所设备安全、活动安全等。幼儿园要高度重视安全工作的管理，要教育全园教职工认真对待这项工作，同时加强有关制度的建立和措施的落实，使园内各项活动的开展均能以幼儿为中心并保证其安全。

1. 强化安全意识

幼儿家长将孩子送到幼儿园，园所要完成教育好幼儿、服务好家长的双重任务，而保证幼儿的安全是前提，幼儿园要对幼儿的安全负完全的责任，这是毋庸置疑的。管理者应教育全园职工，把幼儿安全问题置于重要地位，加强对工作的责任感，强化安全意识，认真细致地做好工作，避免意外事故的发生。园所管理者要注意随时督促教职工，可以在园务会、教研、备课和研究班组工作等各个环节，提醒大家重视卫生保健工作，加强对幼儿的安全保护工作。

教师不仅要重视幼儿的身体健康，还要重视幼儿的心理健康。主要做法有以下几点。

（1）选择合适的内容进行健康教学活动，并在生活中渗透

教师可以主要运用榜样激励法。榜样激励法是指通过树立榜样并引导幼儿学习榜样以规范幼儿行为，从而实现管理目的的方法。人们常说，榜样的力量是无穷的，对爱模仿、易受暗示的幼儿来说更是如此。教师在班级管理中利用具体的健康形象和良好的行为做示范，培养幼儿的自信心和意志品质。平时该表扬鼓励的时候不吝啬，树立幼儿的自信心。

教师可以主要运用目标指引法。目标指引法是指教师以行为结果作为目标，引导幼儿的行为方向，规范幼儿行为方式的一种管理方法。从行为的预期结果出发，引导幼儿自觉识别行为正误是目标指引法的基本特点。教师可以通过活动告诉幼儿生气等常见的不良情绪，但是不能乱发脾气，可以通过一些手段来表达不良的情绪。

（2）为幼儿创设良好、安全的心理环境

心理环境是指对幼儿构成影响的，以幼儿与同伴、教师、家长及其他相关者之间的关

系为主的心理氛围。良好、生动的教育方法，和谐的师幼关系，对创设安定的情绪发挥一定的作用。

安全的心理环境主要表现为积极的教育态度、良好的班级氛围。另外，温馨的环境布置也可以营造融洽的班级氛围，建立良好的师生、同伴关系，可以让幼儿体验到幼儿园生活的愉快，建立安全感、信赖感。具体措施有亲师游戏等。

（3）注意个别幼儿的特殊行为

幼儿园孩子情感较成人外露，易受暗示和感染，教师主要可以运用情感沟通法与之交流。

情感沟通法是指通过激发和利用师生间或幼儿间以及幼儿对环境的情感，以引发或影响幼儿行为的方法。教师通过观察情绪、表情卡片很容易把握幼儿的情感特点，容易从幼儿情感着手，对幼儿的行为加以影响和引导，既能加强对幼儿的管理，又能促进幼儿情感的发展。

另外，幼儿不健康的心理往往以各种行为方式表现出来，诸如吮吸手指、遗尿、口吃、多动等问题行为。教师只有了解这些问题行为背后的原因，从根本上解决问题，才能实现有效的管理。

2. 注重环境安全

幼儿发生意外伤害，常常是环境中的不安全因素造成的，幼儿园在管理上应特别注重为幼儿创造安全卫生的生活、游戏环境。幼儿园房舍场地及大型运动器械要安全、适用，定期维修保养；楼梯、平台要有护栏等安全保护设施，如冬季用火炉取暖要设护挡，避免幼儿烫伤。房中的电源插座如安装过低，或有电线老化现象，要及时处理，避免幼儿触电或发生其他伤害。园内的水池、粪池要加盖。玩具应符合标准，没有锐利的棱角，避免刺伤幼儿。家具、用具要注意使用安全。

3. 建立健全安全制度

幼儿园一定要建立健全各项安全制度，并坚持严格执行，要明确规定各个岗位安全工作的内容，及各环节重点问题。园所管理者要注重宣传教育，使安全制度广为周知，还应对制度执行情况进行定期检查和经常性督促指导。发生事故，要及时上报，并认真分析查找原因，采取对策。要注意防微杜渐，把安全隐患消除在萌芽中。

4. 加强幼儿安全管理与教育

（1）维护幼儿安全的原则

①防患于未然，加强预见性。事先预料可能发生的危险，如对户外活动场地或设施存在的安全隐患能够提前发现，并采取必要的防范措施，防患于未然。这是维护幼儿安全的

首要原则。

②组织有序，稳定幼儿情绪。幼儿情绪浮躁，往往是因为活动组织不力，秩序混乱，这也是一种不安全因素。应注意建立符合幼儿身心特点的生活制度，组织活动要有条理、有节奏，形成和谐有序的环境氛围。

③提供充分的活动时间与空间，缓解幼儿压力。应注意为幼儿提供较充分的活动时间和足够的活动空间，避免幼儿因过于拥挤而发生危险，造成意外伤害。

④教育与信任并重，处理好"管"与"放"的关系。教师应注意使幼儿了解行为规范，加强管理与指导，与此同时又不过分限制幼儿身心发展，要以活动促发展，促进运动和协调能力的提高，在此过程中使幼儿掌握安全常规，培养自我保护能力和安全意识，而不能硬性限制，单纯禁止幼儿的自由活动。教师要避免焦虑，教师的心态也会影响幼儿的情绪。要注意在各项具体的活动中给予积极引导。班级教育与管理上应从消极防范转变为积极促进。

（2）安全管理与教育的内容和方法

在班级保教管理中，应注意结合幼儿的年龄特点，进行适当的安全教育，增强其自我保护意识和能力。

①加强活动安全的教育。在使用剪刀等危险性工具时，要注意教幼儿掌握操作技能、要领。如，将剪子交给别人时，要把剪刀的尖端握在手掌心，将剪刀柄递出去，以防刺伤别人；剪刀用毕要合好，放归原处；不能拿着剪刀乱跑等。

②重视交通安全的教育。引导幼儿学习认识交通标志，遵守交通规则；过马路走人行横道；不在街上乱跑；横穿马路不慌张，注意看清左右有无来车，才可以过马路。

乘车时，不可将头、手伸出车外。在车上不得大声喧哗，不在车上玩耍和跑动，要扶好车把，以免发生危险，不玩弄车门和车窗。按顺序上下车，不可相互推挤。

幼儿园的安全工作，关系到全体幼儿的生命安全，牵动着家长的心。一定要把安全工作置于首要位置。实践证明，积极有效的管理是确保幼儿安全、防止意外事故的最重要因素。

二、幼儿园资源管理

（一）幼儿园资源管理的目标和意义

1. 幼儿园资源管理的目标

幼儿园资源的管理就是把人、财、物、事、时间、空间和信息等资源合理地组织起来，形成有效管理的工作过程，包括行政事务管理和后勤财务管理两大部分。其目标就是充分利用这些资源，发挥这些资源要素的管理潜力，减少无效管理，防范管理摩擦，使有限的资源投入产出更多的回报。

2. 幼儿园资源管理的意义

幼儿园资源管理是幼儿园管理中重要的一部分，对保教工作起着保障作用，对幼儿园事业发展和幼儿身心的健康发展都具有重要的意义。

（1）幼儿园资源管理能保证幼儿园工作的有序进行

幼儿园资源管理为幼儿园工作的正常开展提供人力资源保障，为幼儿园保教活动的开展提供物质保障，也为幼儿园工作的正常开展提供经济保障。有了人力、物质和经济的保障，幼儿园各项工作的有序开展就有了基础。总的来说，良好的资源管理对幼儿园工作的有序进行具有重要意义。

（2）幼儿园资源管理能促进幼儿身心的健康发展

幼儿身心的发展具有很强的可塑性，处于身心发展的关键时期。因为年龄的原因，幼儿还不能很好地保护自己，需要成人给予及时的指导和帮助。幼儿园资源管理的核心是确保保教工作的顺利进行，保教工作的目标是促进幼儿身心的健康发展，如果幼儿园能较好地完成资源管理任务，形成良好的管理秩序，形成良好的工作作风，将会对幼儿身心的发展起到积极的促进作用。

（3）幼儿园资源管理有利于提高管理效率

幼儿园资源管理就是整合人、财、物、事、时间、空间、信息等各种资源要素，合理地对这些资源进行配置，以便"好钢用在刀刃上"，充分发挥资源的潜力，使有限的资源得到更多的回报，从而提高幼儿园管理效率，更好地服务于儿童、服务于家长、服务于社会。

（二）幼儿园资源管理的任务和要求

1. 幼儿园资源管理的任务

幼儿园资源管理的任务就是通过对幼儿园的人、财、物、事、时间、信息等资源进行合理的组织、协调、控制和指挥，以实现预期的教育培养目标和服务于家长的双重任务。具体来说，幼儿园资源管理主要包括行政事务管理和财务后勤管理两大任务。

（1）行政事务管理的任务

在上级党组织和行政部门的领导下，贯彻党的教育方针与政策，执行上级党委和教育、卫生部门的有关指示性决议，全心全意做好工作。

负责制定园所管理目标、质量标准、规章制度与岗位责任，制订全园计划和管理方案，统筹全园工作，做出正确决策。

组织全园政治、业务、文化学习，帮助全园职工提高思想、文化素质和专业知识技能。关心职工的工作、生活与健康，合理安排人力，发扬民主，调动全园职工积极工作，坚守岗位，完成全园工作任务。

做好本园内外关系的协调工作，处理好各种行政、业务事项。

（二）财务后勤管理的任务。

勤俭办园，管理好全园的财力、物力，做好年度预算，统筹全年经费开支，加强经济管理。

做好园内基础建设工作、物资采购工作，保证幼儿园的后勤供给。

按要求做好幼儿园的膳食工作，保证卫生、安全、营养，促进幼儿身体的健康成长。

2. 幼儿园资源管理的要求

幼儿园资源管理事关幼儿园工作的方方面面，是一项任务复杂的工作。在对幼儿园资源进行管理的过程中，必须注意如下三方面的要求。

（1）遵照党和国家统一制定的教育方针和基本政策

幼儿园应做到办学目的和办学方向正确，执行教育方针，遵守国家法规，服从区县教育行政部门管理，学校章程制度齐备，组织机构健全，干部职责分明，管理规范严格，收费合法合理，财产账目清楚，教职员工稳定，教学内容齐全，教育秩序正常，师生精神振奋，工作气氛和谐，校园环境整洁，饮食科学卫生，学生健康安全，家长反映良好，真正做到依法办学、依法治教。幼儿园工作政策性很强，园长必须认真对待、周密组织、精心操作，注意做深入细致的思想工作。

（2）遵循幼儿保教工作的客观规律

幼儿园应遵循保教工作的客观规律，采用科学的工作方式和管理手段，将人、财、物等各因素合理组织起来，调动各方面的积极性，优质高效地实现国家规定的培养目标，完成幼儿园的工作任务，有效地利用幼儿园建设与幼教事业发展的各种教育资源，确保幼教质量的提高，较好地实现预期培养目标和服务。

（3）采用科学的工作方式和管理手段

幼儿园的人、财、物是幼儿园的管理资源，是管理的基本要素。其中，人是具有能动性的管理资源，财、物是非能动性的资源，只有由人来掌握、支配和使用，财、物才能够发挥作用。在幼儿园里，园长是全园工作的领导者，是实现领导职能、办好幼儿园的关键，必须采用科学的工作方式和管理手段开展工作。

（三）幼儿园资源管理的内容

1. 幼儿园的行政事务管理

（1）行政管理的概念

行政管理是管理活动中的一类，狭义的行政管理是指关于国家政务的管理活动，与国家政权直接联系。广义的行政是指关于公共事务的管理活动，按照这一概念的含义，学校和幼儿园等单位的管理均可以认定为行政管理。

（2）幼儿园中的行政组织机构

幼儿园中的行政组织是指幼儿园为达到一定的育人目的，将幼儿园所拥有的人力、物力和财力等组织起来建立的具有一定形式和层次的机构体系。这一机构体系就是幼儿园行政管理得以实施的保证。

一般来说，幼儿园中的行政组织设置依据上级有关规定、组织设计的原则和幼儿园的自身实际。进入 21 世纪，我国的幼儿教育发生了巨大的变化，民办幼儿园成为幼儿教育的主体，即使是全日制、寄宿制幼儿园也发生了很大变化。因此，幼儿园在人员配备和编制上，在执行《编制标准》有关规定的同时，可以根据当地实际加以考虑。

为了更好地实施幼儿园的行政管理，幼儿园应建立职责明确的分层管理体系。一般来说，幼儿园行政组织体系分为三个层次，其相互关系表现为：幼儿园管理的高层为指挥决策层，园长为幼儿园的行政负责人，是最高的行政领导者、指挥者；中层为执行管理层，管理者为各个职能部门的负责人，如保教主任、总务主任，他们一方面接受园长的指挥领导，另一方面负责对本部门教职工的管理，并组织本部门员工开展工作；基层为具体工作层，即各班级或班组，班级或班组的工作人员负责各类具体工作。要逐级授权，每一个管理层次均须依据上级或上一层次的指挥和意图，通过组织和协调下一层次的人力、物力来完成任务。上下管理层次分明、权责相应、各司其职、各负其责。同时，各平行部门之间也做到关系明确、分工协调。幼儿园行政组织体系一般根据园所的班级数或在园师生人数采用不同的组织机构模式。

（3）幼儿园中的行政事务管理

幼儿园的行政事务管理包括各种制度的制定、招生编班、档案资料管理和值班安排以及上级文件的收发、贯彻执行等工作。

①制定制度。

幼儿园的岗位职责、各岗位的责任考核制度、奖惩制度、生活制度、作息制度等制度的制定、修改和执行以及活动表的制定与编排。

②招生编班。

幼儿园一般每年秋季招生，平时如有缺额可随时补招。招生数量与年龄通常依据园所规模和各方面条件确定。特别是要考虑市场需求变化，挖掘潜力，做好招生工作。招生工作一般遵守以下的工作程序。首先，拟定招生广告。广告宣传单主要介绍园所的基本情况、服务项目、优势特色等内容，同时说明招生人数、班级、招生年龄范围、报名日期、发放通知的日期等。其次，组织招生报名工作。准备报名表，请有意的家长填写报名表，家长持报名表领取体检表，然后到指定医院体检，对体检合格的学生发放录取通知书。最后，按照录取名单分班，建立新入园幼儿花名册。班额一般参照教育行政部门的有关规定并结合园所实际决定。同时建立全园幼儿名册及新入园儿童个人资料，如健康卡、儿童个人基本情况资料和幼儿家庭情况资料。

③开学工作。

新学期开学必须做好必要的教具物质材料准备，如幼儿生活用品、教师办公教学用品、各类表册的提供。另外，还应及时清点班级用品，按时分发，确保顺利开学。

④档案管理。

档案管理是园所行政事务管理的一项重要工作。好的档案资料可以保证工作的连续性，有利于积累经验、摸索规律，提高管理水平。具体来说，应从以下两个方面来理解档案资料建设：首先，幼儿园档案资料建设的内容包括人事文书档案，例如，儿童名册、教工名册、上级部门下发的文件、向上级报告的表册、本园各年或学期的各种工作计划与总结、园所会议及工作检查记录、人员考勤记录、园务日志、园所历年大事记；还包括职工业务档案资料，如保教工作计划、总结，观摩活动的计划或教案、效果及评语，保教工作笔记，专题报告，发表或未发表的论文，教师创作的教材、玩具教具，以及考核评价与奖励资料；另外，还有图书、玩教具资料以及幼儿园保健工作、总务工作的相关资料档案和财务档案、财产资料表册等。其次，资料档案的管理以分层管理为主。幼儿园的档案资料可以采取分层管理的办法。例如，幼儿园人事文书及职工业务档案由园长管理；教研组组长和班组长管理近期的和日常的教养计划、总结，以及相关的会议资料等，如班务会议、教研会议记录。对这些资料应按照保教工作的阶段性，按期如每学期或每学年进行整理汇总、编排归档。图书、玩教具资料的管理可以配备专职或兼职人员，将资料分类存放，并建立图书资料的收发借还制度。

⑤其他事务。

幼儿园行政管理还包括季节性的工作，如冬季防寒工作，在季节到来前适时检修好或安装好采暖设备，准备充足的冬煤等取暖燃料。另外遇到临时性工作如季节突变等，也要有所准备，防患于未然。再就是建立值班制度，排好值班表等。幼儿园还要根据园所实际条件，创造条件提供福利，如午餐、交通以及解决家庭的临时困难等问题，帮助教职工减轻家务负担，使他们有更多的精力和热情投入工作。

2. 幼儿园的后勤财务管理

（1）后勤财务管理的概念

后勤财务管理是对学校中全体人员的全部事务的管理，就是为幼儿园各部门提供全面服务。

（2）后勤财务管理的意义

后勤财务管理在幼儿园整个工作中的地位是十分重要的，是幼儿园保教工作顺利开展的保证。具体来说表现在以下三方面：第一，对幼儿园中各个要素（如人、财、物、事）的管理都要通过后勤财务工作来体现。第二，直接影响保教中心任务的完成。幼儿园后勤财务工作涉及面广、事杂，关系到幼儿的卫生保健、物质生活资料的供应、基建修缮美化、创设良好的生活环境和工作条件等。这些方面的工作需要密切配合协调，因而直接影响到保教中心任务的完成。第三，直接影响到保教人员工作积极性的调动。后勤财务工作不仅为幼儿服务，而且直接为保教人员的生活和工作提供服务，使工作环境更好、生活环境更便利，从而调动员工的积极性。

（3）后勤财务管理的基本要求

后勤财务管理工作就是通过对人、财、物、事、时间、空间与信息等因素的合理利用，最大限度地发挥各要素的作用，以达到最佳管理效果。因此，要搞好后勤财务管理工作，必须坚持做到以下四点。

①坚持主动服务思想。

后勤财务工作最大的不同就在于它的管理性和服务性，应当正确认识这项工作的意义和特点，甘当配角，明确"管理就是服务"的观点，并且要以保教工作为中心，为幼儿园的各项工作主动提供服务，确保各项工作的顺利开展。

②坚持整体性与计划性。

后勤财务工作包括园舍建筑、环境的改善与美化、设备添置与维护以及经费的规划使用等，这些管理因素都与幼儿园的全面工作紧密相连，关系到全园各项工作，特别是园所的基本建设工作，一定要全面规划，从长计议，根据总体目标和园所实际，设计规划其总体蓝图。后勤财务工作一定要坚持整体性和计划性。

③加强后勤财务制度建设。

后勤财务工作大多与财和物相关。为了保证后勤财务工作的透明度，幼儿园必须加强后勤财务制度建设。例如，园所可以根据国家财务制度，制定与本园实际相符的财务制度，并通过相关规章制度将后勤财务工作各个部门之间的关系固定下来，形成合理的制约关系和工作程序。一般来说，财会、采购和保管三项工作是相互联系、相互制约的程序关系，三者不能相互兼任。同时还要注意建立各类人员的岗位责任制，建立各项工作的工作程序，并严格执行，确保及时发现问题，弥补漏洞。

④坚持开源节流，勤俭办园。

当前，无论是公办园还是民办园都应坚持勤俭办园的思想，科学经营，提高教育资源的有效利用率，为园所的生存和发展创造良好条件。具体来说就是"开源"和"节流"。所谓"开源"就是充分利用幼儿园的自身特点，在遵守国家法律的基础上，拓宽自我发展的途径，利用园所的人力、物力为社区提供服务，收取适当酬劳，为幼儿园的发展创造条件。所谓"节流"就是注意节约开支、积累资金，并且通过各种措施提高资金的利用效率。例如，定岗定编人尽其用，就是一项节约开支、提高效益的重要措施。同时，注意对设备设施进行保养维修，提高其使用寿命，这也是一条节流的途径。

(4) 财务管理工作

①财经管理。

幼儿园的财经管理工作主要集中在收支管理工作上。具体来说，应该集中在如下几点。

第一，增强经营意识，合理使用经费。幼儿园财务管理主要是合理使用经费，以有限的投入取得最大的效益。在当前形势下，在以民办幼儿园为主体的幼教体系的财经管理中，经营的理念要强于计划经济时代的幼儿园。幼儿园在面向市场自主经营时，园长对园所经费来源和支出项目要进行科学管理，确保幼儿园的良性发展。幼儿园的经费收入项目主要有儿童的入园管理费、保育费、杂费以及政府或主办单位的拨款。幼儿园的经费支出项目主要是人员经费和公用经费两大项。人员经费包括职工工资、奖金和福利费（如医疗费）；公用经费包括办公费、业务培训费、水电煤气费、玩教具材料和设备购置费，以及小型房屋修缮费等。

在幼儿园的财经管理中，要认真编制预算，进而执行预算并做好决算。经费预算的编制应遵循"瞻前顾后，统筹安排，保证重点，照顾一般"的原则，应注意做到以下三点：首先，有计划地全面安排，分清主次轻重，一般应把保教工作的需要作为预算的重点；其次，预算要留有余地，有一定机动性，以便解决计划外的特殊需要；最后，预算由财会人员制定，园长审批，并上报有关部门。园长应亲自过问并参与预算，与财会人员共同分析研究经费的分配计划。

第二，建立健全财经管理制度，严格财经纪律。幼儿园财经管理制度包括会计制度和财经档案管理制度以及各项财经纪律，财经管理人员应严格按照制度规程进行操作，严格实行财会人员岗位责任制，做到一切账目有据可查，会计、出纳严格分工，还应定期审查收支情况。

第三，民主管理，对定期审查的情况及时公布，奖惩分明。

②财产管理。

财产管理集中对"物"的管理，作为管理人员也可以从以下三个方面开展工作。第一，建立健全制度，专人负责保管财产。幼儿园的财产管理制度主要包括财产分类制度、部门财物使用保管责任制、定期清点核对制度、领用物品手续制度等。通过健全制度，强化幼儿园财物的管理，避免出现"重钱不重物""重建设轻管理"的倾向，也以此提高园所的各项设备物质材料的使用率，避免无意义的损耗。第二，管理人员定期对各类设施进行检查维修，延长其寿命，确保其使用安全。第三，注意开源节流、勤俭办园，并建立相关的激励机制，调动每一位员工的积极性，促进幼儿园事业的发展。

3. 幼儿园的膳食营养管理

幼儿园膳食管理是幼儿园资源管理的一个重要组成部分，对幼儿的健康成长，对幼儿园教育事业的发展起着十分重要的作用。这项工作也与其他部门的工作有着紧密的联系。做好膳食管理工作，应该注意以下几个方面。

（1）建立膳食管理委员会，形成民主管理监督机制

幼儿园的膳食管理是园所的一项重要工作，也是最容易出问题的一项工作，因此必须加强监督和管理。第一，应组建膳食管理委员会。膳食管理委员会由食堂负责人、保健医生、班级保教人员以及家长委员会的代表组成。第二，明确委员会的职责和工作程序。在园长的领导下，督促食堂工作人员按照食堂操作制度和卫生制度进行各项操作。第三，了解膳食情况和幼儿进餐情况，及时与食堂进行沟通，不断改进膳食质量。第四，研究幼儿园膳食结构和改善幼儿膳食水平，使幼儿均衡摄取营养，健康成长。第五，委员会还应定期审查膳食专款的使用情况，并将审查的账目定期向家长公布，争取社会和家长的监督。

（2）有计划地使用膳食费，做到收支均衡而且略有节余

首先，幼儿园的膳食费一定要专款专用，并且以幼儿的营养需求为依据调配膳食结构，保证幼儿营养，促进幼儿健康成长；其次，膳食费的使用还要依据淡旺季节的具体情况进行合理调配，确保在每个季节里，孩子们都能吃到有营养的高品质饭菜；最后，幼儿园伙食费的使用也要有计划地进行，做到收支平衡而且略有节余，园所还应建立膳食费使用情况的定期审查制度。

（3）制定膳食操作制度并严格执行

要确保幼儿园膳食安全与卫生，负责膳食管理与操作的工作人员必须按规程要求开展

工作。要做到这一点，首先，必须制定严格的操作制度。国家卫生健康委员会、商务部已制定了有关饮食卫生的规章制度，即"五四制"。"五四制"明确规定，由原料采购到成品制作要实行"四不"制度，成品存放实行"四隔离"，用具实行"四过关"，环境卫生采取"四定"办法，个人卫生做到"四勤"。各园可以根据园所的具体情况制定本园的膳食操作制度。其次，做到责任到人、措施到位。专人按需采购食品，不买变质食物；专人验收食物的质与量，建立验收制度；库房由专人管理，建立出入库账目。主食品验收后入库，库存不宜过多。粮、油、糖等食品按需领取；膳食烹制后，由专人检验质量等。最后，园长或分管园长和保健医生要深入食堂了解操作的各个环节，督促工作人员务必按规程操作，发现问题，及时指导，避免因工作疏忽给幼儿的健康成长造成危害。

（4）进行膳食的常规分析，提供科学合理的营养

进行膳食的常规分析是为了了解幼儿每人每日从膳食中摄取的热量和各种营养素的数量与比例，以及此膳食能否满足幼儿的生理需要。定期进行膳食调查分析可以掌握幼儿营养状况和发育水平，及时发现问题，采取措施，改进膳食状况。具体来说，膳食分析一般从以下三方面进行。第一，各类食品摄入总量的分析。分析每日各类食品摄入量是否平衡、食谱安排是否合理。第二，各类营养素的一日摄入量的分析。将谷类营养素与供给量做比较，了解是否达到营养素的需要。第三，热量、营养素来源的分析及各营养素比例的分析。

第六章 幼儿园保教与卫生保健工作管理

第一节 幼儿园保教工作管理

一、幼儿园保教工作的地位

保教工作是幼儿园的中心工作，是幼儿园中量最大、最基本的工作，是幼儿园质量最明显、最直接的体现。管理者应该重视提高保教工作的管理水平，提高保教工作的管理质量和效率，从而提高幼儿园的办园质量和幼儿发展的水平。

（一）保教工作是幼儿园双重任务的核心工作

幼儿园保教工作是落实幼儿园任务的重要载体。一方面，幼儿园要遵循教育和幼儿身心发展规律，实行保育与教育相结合的原则，对幼儿实施体、智、德、美诸方面全面发展的教育，促进其身心和谐发展；另一方面，幼儿园要为家长参加工作、学习提供便利条件。

为幼儿发展服务与为家长服务，两者之间是密切联系的。孩子是否能够接受良好的服务，决定了家长对幼儿园保教工作的满意程度。应该说，为幼儿的发展服务既是为家长服务，也是为社会服务，抛开对幼儿提供良好教育的服务，光谈为家长服务是不切实际的。因此，为幼儿的发展服务，做好保育和教育工作是完成双重任务的前提和根本，是幼儿园的核心工作。

幼儿园工作的双重任务，决定了为幼儿服务与为家长服务不能顾此失彼。但实践过程中，往往存在片面为家长服务或片面为幼儿服务两个误区。有的幼儿园一味地迎合家长，而不管家长的要求合理与否，其实质是单纯迎合家长好恶而忽视孩子的成长。例如，教育内容安排过于小学化，片面强调教幼儿读书、认字、做算术题、学英语等。还有些幼儿园过分强调幼儿园的教育功能，忽视了家长的合理需求，对家长提出的一些正当意见不予采纳，对于一些特殊的要求也缺乏理解，从而间接地影响了为幼儿发展服务的质量。

（二）保教工作是全园工作的中心工作

幼儿园以保教工作为中心，这是幼儿园的性质和任务所决定的，同时也反映了幼儿园管理的特点和规律。

保教工作的中心地位，体现在幼儿园全部工作过程中。从幼儿园的性质和任务来看，教育幼儿是本质特点和中心任务，其他各项工作都是为保教工作服务的；从教育目标来看，保证保教质量既是培养人的关键，也是保证幼儿全面发展的前提；从时间维度来看，保教工作贯穿幼儿园一日工作的始终，每个环节都渗透着保教工作；从工作内容来看，幼儿园全部工作都以保教结合为出发点，以幼儿全面发展为目的；从管理角度来看，幼儿园强调在一日生活各个环节对幼儿实施保育和教育，教育研究重视保教工作，班级管理也离不开保教工作；从各类人员的岗位职责来看，每个人肩负的任务中，保教工作所占的比例最大。

保教工作的质量体现着办园的水平，是幼儿园全部工作的中心，它决定着幼儿园各项工作目标的制定和实施。围绕该中心开展工作，是办好幼儿园的关键。

（三）幼儿园保育与教育工作的辩证关系

《幼儿园工作规程》明确指出：幼儿园的任务是实行保育与教育相结合的原则，对幼儿实施体、智、德、美诸方面全面发展的教育，促进其身心和谐发展。保教结合是由学龄前儿童身心和谐发展的本质所决定的，也是幼儿教育的基本规律。保教结合是我国幼儿园教育的优良传统。

保教结合对幼儿园教育目标的实现起到保障和促进作用。在实践环节上，要做到"保"中有"教"，"教"中有"保"，二者并举、有机结合，渗透于幼儿一日活动和全部教育过程中，从而构成幼儿园工作的整体。

1. 幼儿身心发展是一个整体

幼儿教育是以 3~6 岁的幼儿作为教育的对象，其中心任务是促进幼儿素质的全面提高。幼儿的发展不是某一方面素质的提高，而是体、智、德、美诸方面和谐发展，这就决定了幼儿教育是协调多种教育资源，发挥多方面教育影响的系统工程。同时，幼儿的生活具有促进幼儿多方面发展的价值，但生活本身就是一个整体，儿童在生活中学习、在生活中成长、在生活中发展，这同样要求整体地看待幼儿的发展。把幼儿的发展视为一个整体，是符合幼儿身心发展特点和成长规律的。

2. 保教内容相互包含，保中有教、教中有保

保教结合是幼儿园教育的基本原则，它决定了幼儿园保育工作中包含着教育性因素。

在物资匮乏的年代，幼儿园保育往往侧重于保护幼儿机体健康和身体发育，缺乏教育性，保育的对象即幼儿处于被动接受的地位。在人们的观念和日常生活发生质变的今天，保育被赋予积极的含义，如强调保护和增进幼儿的健康，注重激发幼儿的积极自主性，培养活动兴趣，增强幼儿生活能力和自我保护、安全意识，等等。保中有教，可以较好地适合幼儿在生活中学习的特点，使教育更接近幼儿实际，更结合其生活经验，因而更富有成效。

另外，幼儿园教育中有着保育的内容，特别是将教育因素渗透到健康领域，对幼儿心理健康具有重要意义。《幼儿园工作规程》着重指出：尊重、爱护幼儿，严禁虐待、歧视、体罚和变相体罚、侮辱幼儿人格等损害幼儿身心健康的行为。教师在教养过程中通过创设宽松的教育氛围，在教师与幼儿之间形成良好的人际心理环境，这是深层次的保育，也是为"教中有保"所做的新诠释。

二、幼儿园保教工作的含义

幼儿园保教工作是保育和教育工作的简称，是指按照幼儿身心发展规律和特点，对幼儿园保育和教育工作进行计划、组织、指导和控制等管理的活动。

幼儿园保育工作包括促进幼儿身体健康发展、心理健康发展和培养幼儿良好的社会适应能力。

幼儿园教育工作是指根据我国的教育方针和总的目标，结合幼儿的年龄特点，专门设计的影响幼儿身体、认知、情感、社会性等方面发展的有目的的活动。

三、幼儿园保教常规工作管理

（一）常规工作管理的内容

1. 正确制定幼儿园保教常规工作管理制度

幼儿园保教常规工作的正常运行需要一些管理制度的保障，如保教计划与记录制度、备课制度、保教人员常规工作检查制度、保教人员工作程序要求、保教人员岗位责任制、保教人员考核制度等。完善的制度可以保证幼儿园保教工作的正常进行，形成良好的工作程序。

2. 科学决策，制定保教战略目标

管理者在保障幼儿园保教常规工作正常进行的前提下，还要深刻学习领会国家幼教法规，掌握最新的幼儿教育及管理理念，分析本园的环境、师资和各种资源优势，创造性地开展工作，突出本园的特色，制定本园的保教战略目标，以保持幼儿园持久的生命力。近

年来，幼教改革的成果层出不穷，幼教课程也是百花齐放、百家争鸣。但是什么样的课程结构才与自己所在幼儿园的发展水平、师资队伍的状况、幼儿园的办园规模相适应？这就需要幼儿园领导不断创新、审时度势，做出科学决策，制订本幼儿园的园本化课程发展方案。

3. 合理调配保教管理人员

在很多幼儿园，保教管理工作的最高指挥者通常是由业务副园长或园长助理来担任的，也有些幼儿园是由正园长直接担任。不管怎样，由于保教工作质量的高低很大程度上决定了幼儿园的办园质量，幼儿园必须设专门的、懂业务、有能力的园级领导统管幼儿园的保教工作。例如，负责组织制定幼儿园的保教工作目标、计划，制定保教规章制度，建立有效的保教组织机构、合理调配各班保教人员，制定保教工作流程要求，组织各种保教工作检查、总结等。

中、大规模幼儿园，在保教管理上设有保教主任这样的中层管理人员，直接领导和管理各班级的保教管理工作。也有的较大规模幼儿园分别在小、中、大班各设年级组长一名，负责组织协调年级保教业务管理工作。班级是保教工作的基层组织，一般由三名保教人员组织，设班长一名，负责组织班级保教管理工作。

在班级保教管理工作中，三名保教人员的合理搭配是必须考虑的一个重要问题。一般要注意三位配班教师合理的年龄结构（如老、中、青结合）、性格结构（如内向沉稳与外向活泼相结合），并使其优势特长互补，从而协调一致地做好班级保教管理工作。

（二）常规工作管理的实施

1. 保教工作计划的制订

保教工作计划种类繁多，从时间、内容和执行主体上均有不同的分类。本课题所指的保教工作计划仅指作为保教工作的主体班级所做的保教工作计划。

（1）制订保教工作计划的依据

①幼儿园的工作计划。

幼儿园工作计划是全园共同制订的行动方案，对园所的工作中心——保教工作也提出了具体明确的要求。作为园所从事保教工作的主体——班级在制订工作计划时必须参考园所工作计划，以达到全园一体、步调一致，实现园所的工作目标。

②本班幼儿特点和本班实际。

同在一个幼儿园，不同的班级有不同的幼儿特点和班级实际，即使在同一个班级，不同的学习时段，幼儿身心发展特点和班级的实际也会发生变化。因此，班级在制订保教工作计划时，必须考虑到不断变化的幼儿身心发展特点和班级的实际。

③幼儿教育的基本规律和幼教原理。

幼儿教育属于基础教育范畴，但又不同于基础教育，有自己的特点和规律，幼儿教育必须遵循一定的幼教原理。因此，幼儿园班级保教计划的制订还应该符合幼儿教育的基本规律和基本原理。

（2）班级保教工作计划体系的制订

班级的保教目标根据时间的顺序，有园所的长远目标、班级学年目标、学期目标、月度目标、周目标和逐日目标。一般来说，这些目标就构成班级保教工作目标体系。根据目标体系，幼教工作者也制订出长远计划、学年计划、学期计划和月度、周、日计划体系。

①学年、学期保教工作计划的制订。

学年和学期保教工作计划是在园所工作计划的基础上制订的，制订这类计划时，班级保教工作者必须理解上级教育主管部门的方针政策及园所的工作目标和计划，同时会同相关人员分析总结前一阶段工作中的成功或失败的经验与教训，根据了解到的班级幼儿身心发展水平与特点以及本班保教工作的实际，制定出遵循幼儿园教育规律的学年或学期班级保教工作目标和计划。具体来说，计划中应包括学年或学期的保教总目标，并从保教内容的各个方面提出具体要求和工作措施，为促进幼儿身心发展创造条件。

学年或学期保教工作计划大致由以下四部分构成。

第一，班级情况分析。班级情况分析是指对班级幼儿的身心发展水平、学习生活状况、习惯养成状况、各方面能力表现情况等进行分析，然后清晰地表述出来。同时还应该对前一阶段班级保教工作情况进行总结，将本班保教工作取得的成绩和存在的问题清晰地表述出来。一般以文档的方式进行表述。

第二，目标与任务。根据目标体系中对班级年度或学期保教工作目标的表述，在工作计划中进行明确具体的描述，并把目标分解成具体的、可供操作的工作任务。

第三，内容与要求。根据班级保教工作的具体实际，将目标与任务进一步细化为具体的内容，并对每一项内容的落实提出具体的工作要求。

第四，措施与步骤。措施与步骤是完成任务、达到目标的具体程序和方法。每个学年或学期，其具体的措施与步骤应该不断地改进与革新，以便适应形势，高效优质地完成工作任务。

②月度保教工作计划的制订

制订月度保教计划时，应结合学期保教工作计划细分到每月的工作目标和安排，再分析上月工作中取得的成绩和存在的问题以及计划执行的反馈情况，认真考虑本月的月度计划与安排，明确本月工作的重点以及工作程序与步骤，确保学期保教计划中月度目标与任务的顺利完成。

③周保教工作计划和逐日保教活动安排

周保教计划和逐日保教活动安排是月度工作计划的进一步细化与落实的环节，因此这一计划的制订必须与月度计划紧密结合，具体来说就是其中的一小部分，只不过时间更短、工作内容更具体、工作程序与步骤更细致。在制订周计划时，除了考虑常规性的工作之外，在分析上周工作的基础上，确定一两项要重点解决的问题作为本周的工作重点或主要工作。确保每周在完成常规性工作的同时，还能重点解决一两项问题，促进保教工作的良性发展。

另外，在具体幼儿教育实践中，保教工作计划的制订还存在着一些不足，即在内容上重知识的传授，轻生活与游戏；从系统论的角度来看，计划类型多样，但缺乏系统观念，各自为政的现象比较严重；从管理的角度来看，计划制订时随意性强，大多流于形式，只是应付检查、走走过场。基于此，许多幼儿园在制订保教工作计划特别是周/逐日工作计划时，在文本表述的方式上做出了一些改进，建议由教学教案（作业）式的计划转变为一周或一日活动的整体安排。

（3）班级保教工作计划的审核

班级保教工作计划的制订一般由班级保教人员完成，保教人员对园所整体计划的理解可能不一致，会导致计划体系或多或少地出现一些不和谐。因此，班级计划制订后，各班应将计划交由园长或保教主任审核，给予指导，确保一致和谐。一般来说，幼儿园都有计划审核的相关制度，保教主任或园长应在学期开始之前或学期初对学期保教工作计划加以审查，也应在月末或月初对月度计划进行审核。这样，发现问题时，园长或保教主任可以及时指导或修改，使班级保教人员按计划实施。

一般来说，对计划进行审核应注意以下几方面问题。

①是否符合方针政策的要求。

近几年来我国教育主管部门逐步加强对幼儿教育的指导和监控。针对如何规范幼儿教育，教育部或省市相关部门相继召开了幼教工作会议，并颁发了一些文件，做出了一些规定。因此，园长或保教主任在审核班级保教工作计划时，一定要考虑计划是否符合幼儿教育的改革精神和相关方针政策的要求。

②是否符合园所工作目标的要求。

班级保教计划是园所工作目标具体落实的详细工作方案，应与园所整体的工作目标一致。因此，审核应考虑计划是否贯彻了全园计划的精神和要求，是否符合园所工作目标的要求。

③是否符合渐进发展的要求。

计划应该具有连续性，必须根据上一阶段工作情况对下一阶段的班级保教工作提出切实可行的措施和方法。审核时应考虑计划是否与前段工作相衔接，是否符合渐进发展的要求。

④是否符合实事求是的要求。

计划是班级保教工作的实施方案，必须具有可行性。因此，审核方案时，应考虑幼儿身心发展的年龄特点、幼儿发展的个体差异以及班集体的发展特点和具体情况。确保实事求是，不走过场、不作秀，使计划真正成为班级保教工作的实施方案。

⑤是否符合幼儿教育规律。

保教计划的科学性是科学地开展保教工作的基本前提。在审核时，要把计划当作一项科学工程的前期方案来对待，认真审核计划是否符合幼儿教育规律。

⑥是否提出了明确具体的措施和要求。

既然班级计划是实施方案，那么就要有围绕目标的工作措施和明确要求，包括一日生活常规的全部活动，规定每月或每周的重点培养要求以及有关个别教育的内容，并且要对工作开展的时间顺序和工作形式做出安排。

2. 班级保教工作计划的执行和检查

班级保教工作的执行和检查紧密相连，执行的主体与检查的主体也大致相同，执行的过程与检查的过程也相互交叉。因此我们也把执行和检查作为一项内容来描述，而且着重从检查形式与要求和结果呈现方式两方面进行描述。

（1）检查的形式和要求

根据检查主体的不同可以将检查分为领导检查、自我检查和同行检查。

①领导检查。

领导有上级主管部门的领导，也有园所的领导。他们对园所工作的检查都叫领导检查。领导检查一般有常规检查和专题或单项检查两类。常规检查是指领导对园所班级保教计划执行情况进行的定期的全面检查，通过检查了解计划的执行情况，掌握工作进程，帮助保教人员在工作中不断修正目标、改进方法，及时解决工作中碰到的疑难问题。专题或单项检查是指领导就工作的某一方面或某一重点进行有针对性的检查，有目的、有计划地了解工作中的典型事例，为工作的有效推进提出建设性的意见。

领导检查不能流于形式，应讲究实效、注重细节。具体来说，领导检查应注意以下四方面要求。第一，检查应具有针对性和计划性。检查是为了发现问题，发现问题是为了解决问题，解决问题是为了增进工作的有效性，顺利地完成工作任务，达到预定目标。第二，检查工作应注重多样性。将定期检查与不定期检查相结合、全面检查与重点检查相结合，形式多样的检查能收集到真实的第一手资料，便于领导做出正确的决策。第三，检查工作应深入实际。领导的检查不应是走马观花，而应深入保教工作一线，通过细致的观察，了解保教工作的具体情况和工作状态，包括班级环境、材料准备、教育环境的创设以及卫生条件等。第四，检查工作应注重细节、积累经验，加强指导性。检查时还应注重细节，如师幼互动、活动的动静交替、室内外的结合、团体与个别活动以及师幼活动中的时间比例这样的细节。特别应注意教师如何依计划实施教育，教育实施过程中是否考虑到幼儿的年龄特点，是否考虑到保教人员教育的一致性等。

领导检查记录的内容一般包括被检查班级、计划实施者、日期与具体时间、活动内容记录、分析与评价以及改进工作的建议等部分。可以根据具体情况设计不同的记录格式。

②自我检查。

自我检查总是与保教记录相联系，而且贯穿在保教过程中。保教工作记录是教师自我检查工作效果的有效途径。长期记录保教工作过程是一个资料积累的过程，长期积累有利于总结经验，将成功经验推广后有利于提高保教质量和工作效果。自我检查记录可以附在计划特别是周/逐日教育活动安排之后，便于对照，同时在记录中应写清楚计划执行与完成情况，进而提出存在的问题与改进建议。自检之后的记录还有其他的方式，如保教工作日记、教育笔记。保教人员可以把工作中有意义的事件及时地记在工作日记上。工作中的活动可以分成许多类，可以为每类工作准备一个工作记录本。

在一些园所中，每学期的工作记录每人都有好几本，但园所的工作仍然不见有多少进步，究其原因，就是自我检查成为一种形式，工作记录就是一本本的流水账，这样的自我检查是秀给领导看的一种形式。其实，自我检查就是一种工作反思。既然是反思就得对所做的工作进行分析、判断和评价，摒弃不好的做法，将好的经验发扬光大。

③同行检查。

同行检查是检查工作的一种辅助形式，通过同行之间的相互监督、相互检查可以及时发现问题、解决问题。同行检查相对于领导检查来说具有及时性的优点，相对于自我检查来说更容易发现工作中的不足。园所领导应鼓励员工经常性地进行相互检查、相互监督。但要注意相互检查不能纵容无中生有、造谣生事和打击报复的现象发生。

（2）检查结果呈现方式

检查之后，结果一般以文本或表格的方式呈现出来。常用的检查结果呈现方式有教育主题活动检查记录表、师幼互动检查记录表、保教工作自我记录表以及幼儿在园生活行为习惯观察记录表等。

3. 班级保教工作的总结和提高

（1）班级保教工作总结的要求

在"戴明环"中，总结是四个环节中的最后一个环节，也是促使循环得以上升的关键环节，起着承上启下的作用。根据总结的内容，可以将班级保教工作总结分为两类，即全面总结和专题总结。全面总结是每学期期末进行的一次全面工作总结，对各部门的工作进行一次梳理，起振奋精神、凝聚人心、总结经验的作用。专题总结是在工作的各个阶段针对某一专题或某一部门进行的总结。不管是哪一类总结，作为总结主体的领导和员工，都必须遵循以下原则：

①注重典型事例或材料的收集、整理。

在平时的检查工作中，要做有心人，注重收集事实材料，并积累汇总。例如保教工作记录中对幼儿在活动中的表现情况、幼儿的健康状况、反映保教质量效果的典型事例进行记录，以便日后总结时有生动具体的事例或典型材料说明问题。

②注重对工作过程进行反思，归纳成功或失败的经验教训。

养成了收集资料的习惯、积累了充分的材料之后，还要对工作过程以及对成功或失败进行反思，并善于总结成功的经验和失败的教训。这项工作是总结活动中最关键的一环，可以说没有反思就没有总结。

③加强理论学习，用理论指导实践，将总结作为提高工作水平的手段。

无论是领导还是员工，工作中都必须加强相关理论知识的学习，用科学的理论指导实际工作的展开，用科学的理论对工作中的成功或失败进行分析，找出影响成功或失败的真正原因，寻求工作规律，使总结成为提高工作水平的手段。

④园所领导对员工的总结应加强指导。

不是每个人都会总结，园所领导必须加强对员工的指导，使他们学会对工作做理性的分析、深刻的反思，帮助员工发现成功的经验和工作中偶尔迸发出的创造性火花，并引导员工选择合适的题目，帮助他们明确总结的要点，使总结真正成为"戴明环"中的提升点。

（2）保教工作总结的基本要素

总结的内容离不开以下四个基本要素。第一，本项工作的意义。意义是指本项工作对社会、幼儿园工作和幼儿个体发展的积极影响。第二，对前段工作状况的描述。即适当描述过去的工作状况，对此前有关工作条件及工作中的问题、幼儿特点等情况进行适当描述和分析。第三，对本阶段工作的阐述。这是总结的主体，主要是指园所或工作团体怎样围绕工作目标，解决问题或完成任务的过程，并对采取的方法和措施进行分析，寻找成功或失败的原因，并用科学的理论指导这一反思过程，从感性到理性，从具体到抽象，总结出规律，在后段工作中进行推广。第四，工作结论。对本阶段的工作目标实现度、工作中员工的精神面貌、突出问题的解决情况进行肯定或否定的评价，并对今后的工作方向和工作方法提出建设性的意见。

四、幼儿园保教结合的原则及其实施

（一）保教结合的必要性

幼儿教育是人生最初的教育，幼儿的身心发展特点决定了幼儿教育必须是保教并重的。《幼儿园管理条例》和《幼儿园工作规程》反复强调保教结合的原则；《幼儿园教育指导纲要（试行）》也明确指出要坚持保育与教育相结合实现保教并重。

保教结合是我国幼儿园教育的一大特色，也是幼儿园一贯坚持的原则。幼儿教育是启蒙教育，保教工作做得好与不好直接影响幼儿能否健康成长。

（二）保教相互结合、渗透，构成有机整体

《幼儿园工作规程》所提出的保育教育目标，在幼儿教育中如何贯彻落实"保教结合"，是我们幼教工作者应积极探索的重要课题。保与教环环相扣，只要有一环没有衔接好，第一环就会松开，甚至会掉环。因此，我们在确定目标、制订计划、组织实施各项教育活动时，要树立教育和保育相结合的观念，做到"教中有保""保中有教""保教结合"。

保中有教，意味着保育中含有教育的因素。从保育的目标看，保育不仅是为了保护幼儿不受伤害，使其健康发展，还要培养幼儿积极的态度和良好的行为习惯，要对幼儿进行健康教育，向他们介绍健康知识，让他们认识到健康的重要性，以及保护身体的简单措施。从保育的实施过程看，保育的过程总是离不开教育，我们不能将保育单纯视为幼儿吃好、睡好的消极过程。保育工作具有很强的教育属性，在保育的实施过程中可以提高幼儿生活能力，增强其自我保护、安全意识。

教中有保，意味着教育中渗透着保育的内容。幼儿教育常常是从保育开始的，因为幼儿年龄小，许多生活习惯尚未养成，教师总是先教幼儿最基本的生活常识，如怎么吃饭、怎么穿衣服、怎么大小便，这既是保育，也是教育。通过学习基本的生活常识，幼儿不但可以学会生活技能，而且能掌握相应的健康知识。

（三）实施保教结合原则的具体措施

第一，园领导从管理实践和思想上重视保教结合原则，树立保教结合的管理理念。在

学前教育机构中，对学前儿童进行教育的主要工作人员是幼儿教师，他们对学前儿童的身心施加影响，从事保育和教育工作。

第二，幼儿园根据国家的目的与要求，根据幼儿身心发展的客观规律，将保教结合原则纳入全园工作计划中，有目的、有计划地对幼儿进行保育和教育。这种目的性、计划性体现在幼儿园一日生活各项活动之中。

第三，幼儿园班级是幼儿园进行保育和教育工作的基本单位。幼儿教师对所在班级的工作全面负责，根据本园实际和幼儿年龄特点，因地制宜，确定工作内容，制订和执行工作计划，完成教育任务。

第四，在具体工作安排中要体现保教结合原则。如把保教结合贯穿于幼儿日常生活中，把保教结合贯穿于日常教学中，把保教结合贯穿于游戏中。

第五，幼儿教师参加业务学习和幼儿教育研究活动，提高保教质量。

五、建立保教工作常规必须考虑的因素

（一）健全完善的工作制度

常规建立的基础是各种规章制度。在幼儿园管理中，各种规章制度主要集中表现为幼儿生活制度和保教工作制度，如保育员的常规工作检查制度、保教计划的制订与记录制度、保教人员的交接班制度。这些制度是正常保教秩序的保证，可以使工作有条理、有秩序。培养幼儿的制度和规则意识也是幼儿园养成教育中的一个重要内容。在幼儿生活和游戏活动中，保教工作人员要有意识地告知幼儿一些必须遵守的规章制度，并带领幼儿集体共同遵守，逐步形成他们的规则意识。从这里可以看出必要的工作制度是管理工作的必需，也是保教工作内容的一个方面。因此，健全必要的工作制度是幼儿园保教工作常规建立过程中必须考虑的因素。幼儿生活制度与保教人员岗位责任制的建立要考虑以下因素：第一，生活作息与常规要求根据幼儿年龄而有所差异，并随季节的变化做适当调整；第二，根据当地实际和幼儿园自身实际建立，如幼儿园规模、当地教育厅行政部门对班级保教人员配备的要求、幼儿园提供服务的情况及生活环节的多少。

（二）科学合理的时间管理

时间管理是管理工作的一个重要方面。在幼儿园管理中，时间管理既是管理的内容，也是幼儿养成教育中的一项内容，尤为重要。幼儿园的所有活动（包括生活和游戏活动）都是在一定的时间段内进行的，对时间的管理科学合理，就会使幼儿园的管理井然有序。对时间进行精心设计、安排，符合幼儿的身心发展特点和幼儿教育规律，就会使幼儿形成

良好的时间观念，促进幼儿身心健康发展。因此，建立常规必须从时间管理上入手。

（三）全员全面的职责意识

全员全面的职责意识是指幼儿园领导在进行常规管理时必须加强员工的思想动员和教育，使每一位保教人员都参与进来，并要求每一位员工对每个幼儿都有全面负责的意识。具体的做法是将幼儿一日生活常规与每类保教人员的工作职责有机地结合起来，以形成幼儿园全员全面的职责意识，做到人人有事管、事事有人管。

（四）其他部门的协调配合

幼儿园的管理工作是一项系统工程，保教工作居于中心位置，其他部门应通力协作，提供全方位的服务。例如，总务部门及时地提供必要的生活和教学设施设备；行政部门提供高效的园务、行政管理；教研部门提供前沿而且具有针对性的教研信息，组织本园教研，为园所的保教工作提供服务。各个部门围绕保教这一中心，各自分工又相互配合，保证良好的保教秩序，实现园所的管理目标。

六、幼儿园教研、科研工作管理

（一）教研工作管理

幼儿园保教工作需要不断研究，才能促进保教工作质量逐渐提高。教研工作正常、深入地开展需要一定的组织保证，也需要一定的制度保证。教研组是幼儿园开展研究工作的一个平台。

1. 教研组的建立

教研组要有专人负责。依据不同的标准可以将幼儿园的教研组划分为不同的类别，目前经常采用的主要有以下三种。

（1）年级教研组

就是根据大、中、小年龄班，将同一年龄班的教职员工组织起来，建立一个研究集体，如大班组、中班组、小班组。

（2）学科（领域）教研组

根据领域或学科内容的不同，将同一领域或学科的任职教师集中起来建立一个教研组，如语言组、数学组、美术组等。

（3）上午班组、下午班组

这是根据教师工作时间的不同，将同一工作时间的教师组织起来，建立一个教研组。

以上三种教研组织形式都有着不可替代的优势，又有其不可避免的缺陷，在操作过程中要综合使用。不同幼儿园可以根据本园情况，选择合适的分组形式，也可以几种形式交叉使用。如，在总体年级分组的前提下，定期组织各领域（学科）的教师交流。

2. 教研制度的制定

为了保证教研活动不流于形式，不断提高幼儿园的教研工作水平，幼儿园必须建立操作性强的制度来加以保证。教研制度中必须明确提出参加教研活动人员的职责和权力，同时对教研活动的内容、时间、经费等提出明确的要求。为了确保教研工作的质量，幼儿园还必须营造积极参与教研活动的氛围，激发教师参与教学研究的热情，必要时可采取一定的奖励措施。

3. 教研活动的实施

教研活动的实施，一般分为以下几个步骤。

（1）计划的制订

教研组须根据全园保教工作的目标，制订切实可行的教研活动计划。一般来说，有学期计划、月计划、周计划。计划中要将教研活动内容进一步详细安排，制定出具体的时间和地点，以便每一位教师都能非常清楚地了解教研组的工作内容，提前准备，按时参加，保证每一次教研活动的质量。

（2）计划的执行

教研计划制订以后，必须严格按照计划执行。从教研活动的内容上来说，要保证计划中涉及的理论学习、实践反思、教师培养、幼儿发展研究等项目的逐一落实；从形式上来说，可以是集中学习与分散学习相结合，听课、说课与评课相结合，可以是观摩教学与示范教学相结合，可以是总结与反思相结合等。在实施过程中，教研组长应该发挥"领头羊"的作用，在充分调动全组人员工作积极性的基础上，以改进保教工作为目标，发挥每个小组成员的作用，使教研活动生动活泼，富有生命力。

在实施过程中，由于实际情况的需要，教研计划需要不断地调整，但既定的中心工作或重点工作不能有太大的变化，这样才能保证教研活动的实效性和针对性。

（3）教研活动的总结

教研活动总结分为阶段总结和学期总结两种形式。总结的目的是反思教研活动开展情况，发现经验及时推广，找出问题及时改进。只有这样，教研组的工作水平才可能不断提高。

（二）科研工作管理

科研并非研究人员的专利，幼儿园既要开展经常性的教学研究，也要结合保教工作实践积极开展教育科学研究活动，促进幼儿教育科学的发展。

1. 科研组织的建立

（1）成立科研工作小组

要保证幼儿园科研工作的顺利进行，必须成立一定的组织机构。一般来说，可以从两个维度来考虑科研小组的建立。

①科研领导小组。科研领导小组主要从幼儿园科研工作的整体出发，承担幼儿园科研工作的规划、实施、反思、总结以及对幼儿园科研成果的发布和推广工作。科研领导小组可以由园长（副园长）、教研组长、骨干教师等组成，这个组织可以长期存在。

②课题工作小组。课题工作小组将参与申报立项的国家、省、市、县（区）、园级课题的成员组织起来，成立一个研究组织，承担课题的申报、立项、实施、结题等各项工作。这种组织属非常设机构，一般在课题顺利完成后自动解散。一般来说，幼儿园既可以成立领导小组，又可以有课题工作小组。

（2）建立健全科研工作制度

随着新课程改革的不断深入，幼儿园的教育科研工作也日趋常规化。为确保教育科研工作的质量，幼儿园必须建立与之相适应的各项制度。

①领导负责制度。幼儿园应明确规定一名园级负责人，具体指导全园的教育科研工作。负责科研工作的领导应对幼儿园科研工作的计划、实施进行有效的跟踪指导；同时对全园科研工作提出进一步规划，对幼儿园科研工作所取得的成绩进行总结。

②课题申报制度。幼儿园应建立教育科研课题的申报制度，定期公布幼儿园教育科研的研究方向和研究动态、上级下达的科研任务和对课题的申报人、申报时间、申报级别、申报程序的具体要求，以便幼儿园的各类人员都能够参与课题的申报工作。

③经费和时间保证制度。幼儿园要尽可能为课题研究提供经费和时间上的保证。

2. 科研工作的实施

幼儿园教育科研工作是以立项课题为主，包括国家级、省级、市级、县级和园级课题，所以在实施过程中要努力做好课题研究及其管理工作。

（1）做好选题及论证工作

①课题选择。幼儿园的科研课题选择若能密切联系幼儿园工作的实际，以教育教学中的问题为研究对象，则既有实际意义又不会给教师带来过多的额外负担，容易使参与研究的教师体味到研究的乐趣和成功感。当然，幼儿园也可以作为子课题单位参与大的教育问题研究，以不断提高教师的理论水平和研究水平。

②课题论证。课题选好后，还要对其进行论证，将国内外关于此类问题的研究现状进

行分析和评价，确定本课题研究的内容和重难点，还要对本课题预计突破的问题进行价值的分析，并对预期成果进行描述。以上问题应由相关问题的专家或学术权威参与，以得到科学而有效的指导，从而保证课题的研究方向、方式方法、研究阶段的安排等的科学合理性。

（2）做好课题的研究工作

经过论证后的选题应在园内得到通过，或者经上级主管部门批准立项，此后便进入实质性的研究阶段。

①制订详尽的实施方案。课题立项后，课题组应根据课题研究阶段，制订详细的、可操作的实施方案。

②制订研究的阶段工作计划。课题组成立后，应对课题的开展做整体计划，同时对每个阶段的研究要开展的工作也要进行规划。一般情况下，应严格按照计划完成各项任务，以保证课题工作的顺利进行。

第二节　幼儿园卫生保健工作管理

一、幼儿园卫生保健工作的意义和任务

幼儿园卫生保健工作是幼儿园整体工作的重中之重，关乎幼儿身体健康、心理健康和生活管理、安全管理等内容。作为一名幼儿教师，要了解卫生保健工作的具体内容，掌握班级各项保育管理的操作要求，熟知卫生保健工作的管理措施，明确日常危机的处理办法。

（一）幼儿园卫生保健工作的重要性

卫生保健工作是幼儿园管理的一个重要方面，其目的为保证幼儿身心正常发育和健康成长。卫生保健工作在幼儿园工作中具有特别重要的意义，这也是幼儿园教育与管理区别于中、小学的一大特色。

幼儿园保健工作的对象是正在发育和成长的幼儿。学前期儿童正处于生长发育的关键时期，他们生长迅速，但发育尚未完善，生理和心理发展的可塑性大，容易受到损害；学前儿童适应环境的能力和对疾病的抵抗力不强，容易感染疾病；而且，学前儿童身体结构形态还没有定型，其行为习惯与个性也正处于逐步形成的过程之中。幼儿园必须通过卫生保健工作，包括科学安排幼儿一日生活，提供合理的营养膳食，定期体检，进行疾病的防

治和生活卫生常规的培养，加强体格锻炼，以及建立安全措施等，实施良好的保育和教育，促进幼儿健康成长。

幼儿园保健工作应考虑其实施环境的特殊性。幼儿园是集体保育和教育机构，实施集体保育和教育必须注重卫生保健工作，创设适当完善的环境，采取必要的保健安全措施，使集体生活的儿童减少感染疾病的机会，避免传染病的蔓延，保证全体幼儿的健康。

（二）幼儿园卫生保健工作的任务

保护幼儿的生命与健康，促进其生长发育，增强体质，为幼儿全面发展奠定良好的基础。

幼儿园卫生保健工作必须与教育相结合，培养幼儿保持和增进健康的初步能力，养成健康生活和安全生活必要的习惯与态度。

卫生保健工作是保教工作的一个重要组成部分，也是幼儿园保健人员的工作任务与职责，同时还涉及幼儿园工作的各个方面，如总务后勤、班级教育管理等。幼儿园领导者应充分重视这项工作，管理中要注意发挥专职保健人员在这方面的专长，并使班级保教工作与专职人员的工作紧密结合，使卫生保健工作的任务目的得到真正落实，促进幼儿身心健康发展。

二、卫生保健工作的内容

幼儿园卫生保健工作的内容大致包括以下七个方面。

（一）创设良好的生活环境

幼儿园是幼儿生活和活动的场所，应根据各地实际情况和园所条件，因地制宜地为幼儿创设良好的室内外环境，使园舍、场地、设施等符合安全、卫生和教育的要求，创设净化、绿化、美化和儿童化的环境，如较宽敞的场地、活动室采光通风、桌椅适合幼儿发展特点与需要等。

好的园所环境是成功开办幼儿园的前提和关键，会影响到孩子的学习情绪和性格培养，因此孩子活动的环境应该清净而幽美。许多家长在为孩子选择幼儿园的时候，都希望把孩子送到一个环境更安静、更优雅的幼儿园。在家长们看来，幼儿园的环境如何，是孩子能否健康成长的关键。

园所绿化要美观，要使幼儿园的环境美观舒适，环境绿化是必不可少的工程；空气清新、无污染，幼儿园要保持空气流通，周围不能存在有害气体，没有室内装修等异味；保证光线充足，灰暗的光线会影响到孩子的学习和活动，周围布满高层建筑的地方不适宜建幼儿园，容易使幼儿产生紧张和压迫感；远离噪声污染，幼儿园必须建设在安全区域内，远离各种污染，避免在危险区、污染区、噪声大的地方或附近建设幼儿园。

幼儿园不仅要给幼儿提供良好的物质条件，还要为其提供良好的精神环境，使幼儿能在愉快的氛围中生活和学习。

（二）建立科学的生活制度

幼儿园应参照教育行政部门和卫健委制定的相关制度，根据儿童年龄特点，同时考虑儿童在园时间的长短和季节特征等因素，制定适宜的生活作息制度，合理地安排幼儿一日生活中各项活动的顺序和时间。一日生活作息制度中，应正确安排"作"（活动）与"息"（休息）的时间。按照幼儿神经系统活动规律和特点，安排不同类型的活动内容，保证幼儿有充分的户外活动时间，使生活管理科学化、规范化，以有利于幼儿健康发育和养成良好的生活习惯。一日生活的安排应注意动静交替，室内外平衡，又应考虑使有组织的活动与自由活动、集体与小组活动以及个别活动与分散活动的比例适当。

（三）提供合理的营养膳食

合理营养是幼儿生长发育的物质基础。营养工作涉及制定营养平衡的幼儿食谱，定期计算幼儿进食量和营养摄取量，进行烹调指导和监督等。卫生保健人员要充分重视这项工作，要与总务部门齐心协力搞好儿童膳食，保证幼儿获得生长发育和日常活动所必需的营养。

1. 要保证幼儿能吃到新鲜食品

《托儿所、幼儿园卫生保健制度》规定：要准确掌握幼儿出勤人数，做到每天按人按量供应主副食，不吃隔日剩饭菜。严格采购制度，不买腐败变质食品，不买未经卫生检验、超过保质期限以及其他不符合食品卫生标准和要求的食品。这是提供给幼儿新鲜食品的前提。

2. 要进行营养分析，合理搭配膳食，做到荤素搭配、营养均衡

制定合理适量的食谱，每周都有不重复的菜谱，保证各种营养的均衡，每月进行一次营养分析，及时找出存在的问题，以便更好地改进。

3. 要改变烹饪方法，吸引幼儿进餐

在幼儿健康饮食教育中，烹饪技巧和创意起着至关重要的作用。通过巧妙的烹饪技巧和富有创意的菜肴，可以激发幼儿对食物的兴趣，培养他们良好的饮食习惯，提供丰富的营养，促进他们身心健康的发展。

（四） 建立定期的健康检查制度

幼儿园要贯彻"预防为主"的卫生工作方针，建立预防接种、消毒隔离、体格检查、环境和个人卫生等制度，完善各种防病措施，降低幼儿发病率，提高幼儿的免疫力，保护幼儿的生命和健康。

加强传染病的管理，搞好计划免疫，预防和控制传染病的发生与流行。

1. 严格把好防病治病体检关

坚持做好新生入园体检工作，经体检合格方可入园，入园体检率要求 100% 合格，入园后，每学期为幼儿测量身高、体重，并及时做好评价、汇总。发现问题，及时纠治。

2. 把好晨检关

保健老师每天坚持认真晨检，做到"一摸、二看、三问、四查"，并做好详细记录，了解每位幼儿的健康状况。在传染病流行期间更要加大力度，发现患儿及时隔离，防止进入园内造成传染病蔓延。

3. 把好消毒关

制定详细的消毒要求，要求每位保育员熟练掌握，按要求严格规范操作，并做好记录。

4. 把好预防接种关

按计划免疫要求，积极配合有关部门做好儿童计划免疫登记工作，对有缺漏的幼儿要动员他们进行补种。

5. 建立卫生保健登记统计制度

对园（所）内儿童健康档案、传染病、常见病、事故、晨检及工作人员健康状况等有关登记统计资料进行科学化、规范化管理，及时分析反馈，以指导和促进托幼园（所）卫生保健工作开展。

（五） 开展经常性的体格锻炼

增强幼儿体质最积极有效的措施就是注重体格锻炼。幼儿园应注意有计划、有组织地开展经常性的体育活动，并注意利用自然条件（如日光、空气、水等）进行幼儿体格锻炼。每日要保证幼儿足够的户外活动时间，增强幼儿体质，减少其发病率，增强其对外界环境变化的适应能力，增进健康，同时促进其动作协调灵敏，在活动中培养幼儿活泼愉快的情绪和勇敢坚强的性格。

幼儿体格锻炼要遵照循序渐进的原则，有步骤、有计划地进行，注意控制运动量、锻炼强度和持续时间要由小至大、逐步加强或增加。体格锻炼要坚持一贯、持之以恒，以使幼儿逐步建立动力定型，达到应有的效果。还要注意体格锻炼方式的多样化，要能够综合运用各种锻炼方式，将计划性锻炼与生活中的锻炼结合起来，动作训练与游戏活动并举。体格锻炼中要注意个别教育护理，依幼儿的不同需要提出要求，而不能强求一致。

（六）展开全面的安全工作

幼儿园的安全工作特别是幼儿的人身安全，涉及全园各部门的工作，如门卫执岗、幼儿接送、设备场所及活动安全等。幼儿园应特别注重增强全园职工的安全意识，在加强有关安全制度的建立和措施的落实，确保工作到位，防止意外事故的发生的同时，还须注意对幼儿进行安全教育，增强自我保护能力。

幼儿园应制定安全措施，定期进行安全检查。一些设施如电器、洗具、取暖设备等要具有安全性。药品及消毒药物由专人管理（不得放在儿童活动、休息室）。保障儿童的人身安全，防止事故发生。

成立安全组织机构负责全园的安全工作，经常针对全园的大型玩具、户外活动器械、电器、水电管线等进行安全检查，发现问题及时修理，杜绝事故隐患。

（七）加强宣传

幼儿园要注意对儿童及家长进行健康教育，宣传健康知识，教授保健技能。

1. 举办知识讲座

幼儿园应该每学期进行一次健康知识讲座。如有关幼儿各个季节常见传染病、心理健康知识、幼儿常见的心理卫生问题及防治、幼儿一日生活各个环节的卫生要求、幼儿意外急救处理及幼儿单纯性肥胖症防治常规等。

2. 结合实际定目标

幼儿园应结合教学活动共同制定相应的目标、主题、计划，使孩子在一天的活动中保持心理健康和身体健康。

3. 定期出宣传板

幼儿园应每 2~3 周出一期宣传板，向家长宣传保健知识。家长也应该在幼儿园的带领下，坚持"以防为主，以保为先，保教并重"的原则，以求真务实的态度，把幼儿的卫生保健工作做实做细。

三、卫生保健工作的管理要求

（一）坚持预防为主的方针，保教并重

"以预防为主"是我国卫生工作的根本方针。幼儿期儿童生长发育迅速、可塑性强，然而又是生命较为稚弱的时期，各器官系统发育尚不成熟，因而他们对环境的适应能力和抗疾病能力较低。如果卫生保健工作某方面稍有疏忽，就可能给幼儿的健康带来不利影响，甚至可能造成难以弥补的损伤。因此，园所各项卫生保健工作必须坚持贯彻"预防为主"的方针，对疾病与事故做到防患于未然。同时要实行保教结合，保健和教育并重的原则，注重幼儿积极的体格锻炼，对其进行健康教育，保证幼儿身体健康，促进其生长发育。

（二）健全组织和制度保证，严格执行

幼儿园应将卫生保健工作置于整体工作的重要位置，园里要有一名领导主管卫生保健工作。同时还应建立起一支包括班组保教人员、后勤、炊事人员等的积极分子队伍作为园所领导实施卫生保健工作的助手，在组织上保证这项工作的开展和落实。幼儿园卫生保健工作涉及面广，与全体工作人员都有联系，幼儿园管理者应广为宣传，引起重视。全员参与，并且应通过岗位责任制、卫生保健工作考核评比等制度和措施将有关人员的工作内容、职责明确并加以监管。幼儿园还可以根据工作实际需要成立专项工作组织，如爱国卫生委员会、幼儿膳食管理小组、安全工作检查领导小组等，从各方面推动幼儿园卫生保健工作的进行。

卫生保健工作涉及全园各类人员。幼儿园应将有关卫生保健方面的各类要求、执行步骤等通过条文的形式固定下来，使之制度化，用于规范各方面的工作和各类人员的行为，使各岗有章可循，各部门协调一致，更好地完成卫生保健工作任务。有关卫生保健工作的制度应以国家教育部门和卫生部门的要求为准，同时结合本园实际，经认真研究充分讨论确定下来。幼儿园卫生保健制度一般包括幼儿生活制度、饮食制度、体格锻炼制度、防病工作制度、健康检查制度和安全制度等。卫生保健制度要与岗位责任制的建立相结合，使各有关人员明确自己在卫生保健工作中的任务与职责。制度制定后必须严格执行，同时还应根据执行情况，逐步修改，加以完善。

（三）加强计划性和定期检查指导，保证实效

幼儿园管理者应将卫生保健工作的要求列入园务工作计划，从而保证其贯彻执行。不仅

全园计划中要有卫生保健的内容，还要注意各个部门工作计划和班级教养工作计划中也要体现卫生保健方面的要求，并提出具体落实措施。卫生保健工作的计划要以其管理目标为出发点，针对工作中的薄弱环节加以制订。计划要重点突出、任务明确、措施具体，应规定各项工作内容及质量要求、步骤方法及执行人，使计划切实可行。要对计划的开展进行检查指导。在这方面要注意发挥专职保健人员的作用，使其作为园长管理该工作的助手，同时发挥群众性卫生组织的监督作用，如对儿童的日常锻炼活动给予指导，定期体检，保证锻炼不断提高成效。应将定期阶段性检查与平时检查结合起来，全面检查与单项检查结合起来，以便及时掌握情况，加强指导和不断改进工作质量。如将阶段安全检查与平时对安全工作的巡视相结合，防患于未然；又如将阶段性营养分析与平时对伙房、保教人员的儿童饮食管理情况的检查相结合，从而保证儿童营养的摄取量；又如将单项检查儿童身高体重达标率和对保健工作全面检查相结合，才能发现问题，有针对性地提出改进措施。

（四）注重班级日常性卫生保健工作，做好细节

幼儿园应注重班级日常性卫生保健工作，使幼儿在日常生活及活动中，在每日的饮食起居等环节中，得到细微的养护照顾，受到科学的健康教育，身心得到良好的发展。班级保教人员应注意以下几方面工作。

1. 观察与检查幼儿的健康状况

班级保教人员要依据"卫生保健制度"的要求做好晨间检查和全日健康观察，认真做好"一摸、二看、三问、四查"工作。"一摸"：摸额头有无发热。"二看"：看咽部、皮肤和精神情绪状态。"三问"：了解幼儿饮食、睡眠和大小便情况。"四查"：检查有无携带危险物品，发现问题及时处理。

2. 培养幼儿生活护理与良好的生活卫生习惯

根据天气好坏、幼儿体质的差异和户外体育活动前后等不同情况，及时增减衣服，避免着凉或受热。

按时开饭，保证进餐时间和进食量，指导幼儿文明进餐，讲究进餐环境，吃饭前后不做剧烈活动。保证幼儿有充足的睡眠。保证幼儿饮水量，除了安排饮水时间，可使幼儿随渴随喝水。

允许幼儿随时如厕大小便，注意培养其在清洁活动中的自理能力。提醒和帮助幼儿擦鼻涕、梳头发、剪指甲等。

在一日活动中培养幼儿良好的生活卫生习惯。如，知道饭前便后、手脏时要洗手，学习正确的洗手方法；能独立进餐，养成不挑食、不剩饭菜等良好进餐习惯；不乱丢果皮纸

屑，知道保持物品、玩具清洁，有环境卫生意识。

3. 创设良好的生活环境和心理气氛

保持室内空气流通，午睡时掌握好关窗开窗的时间。创设安静、舒适、清洁和安全的进餐、睡眠和活动环境。定时定期做好消毒工作，如杯子、毛巾消毒，玩具消毒，定期换晒被褥。注意不同性质活动的交替安排，户外活动要掌握幼儿活动量。

创设良好的精神心理环境，形成和谐民主的师生关系。一日活动中应注意使幼儿情绪愉快、平稳，不要让幼儿情绪持续处于兴奋状态，避免其出现浮躁不安或过于压抑的情绪。

4. 加强与家长的密切联系和配合

保教人员应注意经常与家长沟通，交换信息情况，了解个别幼儿的差异，以便及时和有针对性地采取相应措施，相互配合，共同做好卫生保健工作。

第七章　幼儿园班级中的人际关系与家长工作管理方法

第一节　幼儿园班级中的人际关系管理

一、幼儿园教师的人际关系管理概述

幼儿园教师的人际关系管理是指幼儿园教师对班级里人与人之间的关系进行协调，促进合作，建立和谐氛围的过程。幼儿园教师建立良好的人际关系，为幼儿的发展和自身的专业发展提供了良好的精神环境。幼儿园教师应该建立公平、公正、平等、民主、自由的人际关系，让幼儿在这样的环境中健康成长。

（一）幼儿园教师的人际关系管理特点

幼儿园教师的人际关系管理有其自身的特点，主要有规范性、渐变性、多样性、主体复杂性等。理解人际关系管理的特点是教师顺利进行班级人际关系管理工作的前提。

1. 规范性

幼儿园教师人际关系管理是一种具有规范性的管理，是一种沟通和合作专业能力的表现，是教师工作的内容之一。这种规范性区别于日常生活中的人际关系管理的随意性，主要体现在有相关政策文件严格要求幼儿园教师对人际关系进行管理。

《幼儿园教师专业标准（试行）》是国家对合格幼儿园教师专业素质的基本要求，是幼儿园教师开展保教活动的基本规范。其中就幼儿园教师专业能力提出这样的要求："善于倾听，和蔼可亲，与幼儿进行有效沟通；与同事合作交流，分享经验和资源，共同发展；与家长进行有效沟通合作，共同促进幼儿发展。"《幼儿园工作规程》中提到：幼儿园教师的主要职责有观察了解幼儿；与家长保持经常联系，了解幼儿家庭的教育环境，商讨符合幼儿特点的教育措施，相互配合共同完成教育任务；定期总结评估保教工作实效，接受园长的指导和检查。

由此可见，了解幼儿、与同事和家长合作、服从园长的工作安排是法律法规要求的重

要内容，幼儿园教师应该严格按照这些要求来规范自己的人际关系管理。

2. 多样性

由于幼儿园工作自身的特点，所以幼儿园教师人际关系管理表现出多样性，主要表现在以下几个方面。

（1）类型的多样性

幼儿园教师的人际关系根据不同的标准有不同的类型。根据管理对象不同，可以将幼儿园教师的人际关系管理分为对师幼关系的管理、对幼儿同伴关系的管理、对幼儿园教师同事关系的管理和对家园关系的管理这四个方面。从教师群体的组织性来看，幼儿园教师的人际关系管理又可以分成正式人际关系管理和非正式人际关系管理。正式人际关系是指幼儿园中明文规定的教师与他人之间的人际关系，而非正式人际关系是指幼儿园中教师与他人之间自发形成的私人关系。对于教师来说，在工作中不仅要与他人建立正式的人际关系，而且还要建立良好的非正式关系。

（2）不同主体交往的频繁性

在幼儿园中，教师由于工作、生活或其他原因，每天都与园长、其他教师、家长、幼儿，以及幼儿园后勤工作人员发生大量、频繁的交往。而且有些人际关系状况不单单是教师与对方两人之间的交往，往往还会涉及与第三人、第四人或更多人的交往。比如，教师要求幼儿早上来园不要迟到，但是迟到这件事并不是幼儿自己能够做主的，有些幼儿迟到是由父母的不重视或晚起导致的。不同主体交往的频繁性，必然带来人际关系的多样性，也带来了交往的复杂性。

3. 渐变性

幼儿园教师的人际关系管理是一个渐变的过程。这种渐变体现在交往主体发展的渐变性上。对于教师来说，幼儿是最主要、最直接的交往对象。幼儿期是幼儿个性和社会性发展的起步阶段，且幼儿个性与社会性仍在不断地完善中。教师对他们的态度是影响其个性和社会性的重要因素。因此，教师要有耐心，要用发展的眼光来看待幼儿的行为，在与幼儿交往的过程中根据幼儿的发展水平不断调整自己的言行。

（二）幼儿园教师人际关系管理的重要性

良好的人际关系并不是一朝一夕能够建立的，也不是自然而然形成的，它需要幼儿园教师有意识、有目的、有策略地管理。

1. 良好的人际关系有利于幼儿园教师更好地适应幼儿园生活

幼儿园教师每周有大量的时间都是在幼儿园中度过的。良好的人际关系可以让教师在园的生活变得更加有趣。教师在班级工作中要与其他两位教师一起管理班级。与其他教师之间的良好关系可以让教师更好地融入集体中，与幼儿之间的良好关系有利于教师对工作形成积极的情感。

2. 良好的人际关系有利于幼儿园教师的身心健康

教师在幼儿园中要与能够理解她工作的人分享工作中的困难和问题。情感的频繁交流可以增加教师的快乐，积极的情绪可以减轻教师对痛苦的感知。由此可见，建立良好的人际关系是保障幼儿园教师健康身心状况的重要途径。

3. 良好的人际关系有利于幼儿园教师教育事业的成功

良好的人际交往可以增强教师与他人之间的联系与认识，相互之间形成互补，增强和提高每个人的能力。目标一致、齐心协力是创造最佳合力效果的前提条件。良好的人际交往能够产生合力，确定并统一奋斗目标，增强整体效应。此外，良好的人际交往能够激发个人的潜能，来自家长及幼儿的压力，与同事之间的比较和竞争都会激发教师的潜能。因此，良好的人际关系能够促进幼儿园教师事业上的成功。

4. 幼儿园教师的人际关系

根据幼儿园教师工作的性质与任务，可以绘制出一张幼儿园教师的人际关系网络图，进一步明确幼儿园教师人际关系管理的主要对象。从图中可以清楚地看到在幼儿园班级中，与教师产生联系的主要有幼儿、幼儿家长、搭班同事和其他同事等。幼儿园教师要对与这些人之间的交往进行管理，有效处理冲突，建立良好的人际关系。

二、幼儿园教师与幼儿之间的人际关系管理

幼儿园教师与幼儿之间的人际关系被称为师幼关系，是幼儿园班级人际关系的核心，是教师人际关系管理的关键内容。良好的师幼关系可以满足幼儿对安全感、归属感的需要，可以提高教师工作的成就感和认同度；相反，不良的师幼关系容易形成班级中大量的不稳定因素，形成班级中紧张的精神氛围，师幼之间更容易产生冲突，不利于班级管理。

（一）幼儿园教师在师幼关系中的定位

幼儿园教师要正确认识自己与幼儿之间的关系，充分发挥自己作为幼儿心中权威人物的作用，积极影响幼儿的身心发展，为自己进行有效的班级管理提供情感保障。

1. 专业的教育者

幼儿园教师是从事幼儿园教育工作的专业人员，正如《幼儿园工作规程》和《幼儿园教师专业标准（试行）》中都提到的，教师应该具有专业知识和技能以及相应的文化

和专业素养。从中可以看出，幼儿园教师必须具有专业性。这种专业性主要体现在教师教育幼儿的过程中。

理解幼儿的身心发展特点及规律，根据这些特点和规律设计相应的教育活动，并在一日生活各环节中与幼儿进行有效的师幼互动，与幼儿开展有效的对话。

充分尊重幼儿的个体差异，运用各种专业能力去解决幼儿发展过程中遇到的问题。这些专业能力主要包括环境的创设与利用、一日生活的组织与幼儿保育、游戏的支持与引导、教育活动的计划与实施、对幼儿的激励与评价等基本专业能力。

有效运用观察、谈话、家园联系、作品分析等多种方法，客观地、全面地了解和评价幼儿，能够根据评价的结果有效地组织下一次教育活动。

2. 充满民主、关爱的合作者和支持者

幼儿园教师与幼儿之间的关系应该是平等、民主的，这种平等性意味着教师与幼儿之间是合作者的关系。这种合作者关系表现在教师与幼儿在班级中一起生活、学习和游戏，不是单纯的教师教授、幼儿学习，而是两者在活动过程中互相理解、互相帮助、互相支持。教师的身份在不断调整和变化，有时教师是教授者，有时教师又是学习者。活动并非只对幼儿有利，教师在活动过程中也可以得到专业上的发展和进步，真正做到"教学相长"。

此外，教师应该扮演好支持者的角色。这种支持主要表现在两个方面：

（1）精神环境的支持者

教师是幼儿精神环境的支持者。教师应创设轻松、自由、和谐的氛围，鼓励幼儿大胆地表达自己的观点，肯定幼儿在活动中特别或有趣的想法，对幼儿提出的问题及时地回应，对幼儿的情绪情感进行共情与调整等。

（2）物质环境的支持者

教师应该在班级里创设舒适、有序的物质环境，提供丰富的材料，以满足幼儿生活和探索的需要。舒适的物质环境可以让幼儿有一种家的感觉，能让他们喜欢上幼儿园，适应幼儿园的生活；有序的物质环境可以有效地引导幼儿的行为，起到潜移默化的作用。此外，丰富的材料可以满足幼儿多种感官探索的需要，符合幼儿利用感觉、动作和表象等形式进行思考的需要。良好的物质环境也更有利于幼儿注意力的集中，对教师的有效班级管理起着积极的作用。

（二）处理与幼儿之间关系的原则

在处理与幼儿之间的关系时，教师要遵守平等性原则、主体性原则、发展性原则和客观性原则等。

1. 平等性原则

平等性原则是指教师在处理自己与幼儿之间的关系时，要将幼儿看作是和自己一样有着基本权利的、具有独立人格的个体。这就要求教师在与幼儿交往的过程中不能只按照自己的意愿行事，更不能侵犯幼儿的利益，伤害幼儿。教师应该采用自由而不放纵、指导而非支配的民主形式，激发幼儿的自主独立性。这也是尊重幼儿主体性的表现。

2. 发展性原则

发展性原则是指教师在处理自己与幼儿之间的关系时，主要目的是为了促进幼儿的身心健康发展，教师要用发展的眼光来处理相关问题。这就要求教师要做到以下两点。

①在相处的过程中，教师应通过各种方法全面了解幼儿的已有经验和水平，准确地识别幼儿的最近发展区，抓住一切可以利用的机会给幼儿提供"支架"，让幼儿的潜能得到充分发展。

②教师应该从长远的角度来看待和处理与幼儿之间的关系以及幼儿的行为。关系的建立不是一日可成的，行为养成不是一蹴而就的，教师需要耐心、细心，相信幼儿的能力，学会积极地等待。在介入幼儿行为的过程中，教师应本着发展性原则，分阶段地处理问题。

3. 客观性原则

客观性原则是指教师在处理自己与幼儿之间的关系时，要做到实事求是，学会运用科学、专业的方法来处理问题。凡是人做事，都会带有主观性，这是无法避免的。只有教师越来越专业，其言行才会越来越接近客观。教师要摒弃自己先前对幼儿的了解，带着好奇心去观察幼儿，专注于眼前所见的事实。

（三）师幼关系管理的策略

一个班级中至少有 25 名幼儿，他们有时是一个人待着，有时是一群人待着，受多种因素的影响，这些幼儿都各有不同。教师在进行师幼人际关系管理时，要针对幼儿的数量、活动内容等方面调整自己的管理策略。

1. 与单个幼儿之间的关系管理策略

在面对单个幼儿时，教师要尊重幼儿的各项个体权益，做好个别化指导工作。

（1）了解并满足幼儿的需求

人们的行为都是为了满足自己的需求，幼儿的行为也是如此。幼儿只有在心理和情感上得到满足时，才会表现出稳定的情绪和恰当的行为，才能与他人建立良好的关系。因此，教师应该通过观察和交谈识别幼儿在幼儿园班级中的需求，发自内心地理解幼儿的需求；然后创设良好的环境，提供丰富的活动和材料，进而满足幼儿的需求。

（2）识别幼儿的行为并分析

在幼儿园中，对于教师来说，与单个幼儿建立良好的师生关系，最大的困难就是积极地面对幼儿的不适当行为并有效地帮助幼儿调整自身的行为。这需要教师学好幼儿发展心理学的相关知识，能够在日常教学中正确识别幼儿的行为，并对其原因进行分析，执行行之有效的调整方案。

（3）积极称赞和鼓励

幼儿处于自我意识正在建立的阶段，主要依靠周围成年人的评价来评价自己。此外，恰当的赞美有利于提高幼儿的自信心。教师要常常使用恰当的赞美，建立与幼儿之间亲密的关系。这种恰当表现在给幼儿正向的建议，关注幼儿行为的过程而非结果，先提优点再说缺点。在说缺点时，引导幼儿说出自己的想法，适时地提出可行性方案，鼓励幼儿自己去思考并积极地解决问题。无效的称赞和鼓励只会降低幼儿的自尊心和自信心，或者造成幼儿过分地依赖于别人的评价，不利于幼儿建构独立自主的人格。

因此，教师要慎用赞美，正确地使用赞美。通过赞美帮助幼儿学会正确归因，树立正确的自我意识，规范自己的行为。

（4）顺应个体差异

教师在与个别幼儿进行交往时，眼中应该只有"他"而不是"他们"。换句话说，教师在面对某位幼儿时，应从各个角度只考虑他的行为、问题等情况，不要总是把他与其他幼儿做对比。每位幼儿的行为因受到其年龄、性别、所在家庭等方面的影响而各有不同，不能对所有幼儿持同一行为标准。所以教师不能使用同一标准去要求每位幼儿，而应引导幼儿与他自己做比较。教师不仅要接受他与别人不同，而且要鼓励他与别人不同，支持幼儿做自己。比如，允许个别幼儿在群体活动时想要独处的行为，不愿意跟他人进行分享的行为等。

2. 对幼儿集体关系的管理策略

教师要察觉幼儿在集体中的行为特征，充分发挥团体的力量，营造良好的集体氛围。

（1）营造和谐的氛围

和谐的氛围是指幼儿在集体中相互之间是公平、公正、熟悉、友好的，与教师待在一起不会紧张，不会担心自己做不好，师幼之间有着亲密的关系。在这样的班级中，每个人与他人之间的互动都是正向积极的，可以自由地表达自己的想法。如何营造这样的和谐氛围呢？首先，教师要鼓励幼儿在班级中使用积极的语言与他人进行沟通，如多说"你好""请""谢谢"；与别人交往时，多询问他人的意见，如借东西之前，要问"可以吗"。其次，通过讲故事、角色表演等方法引导幼儿关注他人的情绪和情感体验，发展幼儿的移情能力。最后，鼓励幼儿使用积极的肢体语言，如牵手、握手、拥抱等。

（2）树立正确的行为导向

营造良好的集体氛围，最重要的是要让幼儿明白什么是正确的、什么是应该做的。教师作为班级中的重要一分子，其自身的言行举止无形中影响着幼儿，教师以身作则、典型行为的示范，是引导班集体行为习惯养成的重要部分。因此，教师必须加强自身的学习，从更专业的角度观察、发现、分析幼儿的行为，借助正确的引导方式，让幼儿在自主实践中积累经验，在积极沟通中解决问题。在此基础上，教师应对幼儿的优秀行为及时关注，将幼儿本身作为学习的中心，放大其优秀行为，帮助幼儿树立正确的行为导向。

（3）创设互学的环境

幼儿拥有自主学习的能力，如何引导幼儿实现同伴间的互相学习，推动幼儿的自我学习是教师需要思考的。教师多种形式的引导，有助于推动幼儿的自主学习。例如，组织幼儿进行自评与他评，在评价中进一步了解什么才是好的行为；通过个人或小组示范的方式，引发幼儿同伴间的自主学习；利用值日生轮岗活动，调动幼儿学习各项自我服务技能的积极性；借助图示呈现的方式，清晰呈现班级规则。

三、教师与领导同事之间的人际关系管理

一起工作的同事，每天在幼儿园或班级中都有很多工作上或生活上的接触。良好的人际关系有利于教师各项工作的开展，也有利于营造良好的工作氛围。幼儿园教师与领导和同事建立良好的关系，能在专业发展上获得更多的帮助，也能获得更多的认同感。这种良好的人际关系建立离不开教师自身的性格特点，但是更需要教师的管理和付出。

（一）与领导之间的人际关系

在幼儿园中，领导直接布置教师工作和承担教师考核的任务，直接对教师工作进行评价。幼儿园教师与领导之间建立良好的人际关系，会产生良好的互动，能够得到有效的帮助和指导，提高自己的工作效率，充分体现自己的价值。

1. 幼儿园教师与领导之间关系的定位

幼儿园教师与领导之间关系的定位直接影响着教师对领导的态度。因此，教师与领导之间的人际关系管理最重要的前提是对自己与领导之间的关系进行准确的定位。

教师与领导之间是下级与上级之间的被管理与管理的关系。这种管理关系主要体现在工作聘任、调配、评估、奖惩及业务学习等事项上。当然，园长虽然拥有各种权力，但是也要关心教师、维护教师的各项合法权益等。在这种关系中，教师并不应该一味地服从园

长的各项指令，而应充分发挥主动性，争做工作上的主人。从这个角度来看，教师和园长又是一种合作关系，共同为幼儿园的发展发挥自己的力量。

2. 处理与领导之间关系的原则

（1）任何时候都保持尊重

尊重是教师与他人建立良好人际关系的前提和条件。幼儿园领导要处理的事情非常多，不太可能在各个方面都有杰出表现，甚至会出现专业能力并非很强的现象。这时，作为被领导的教师应该坚持自觉尊重领导，而不能产生瞧不起领导甚至贬低领导的情绪。在领导面前要讲真话，背后不传谣议论。

（2）坚持服从而不盲从

幼儿园教师对园长服从的前提是确认园长的要求符合幼儿园的根本利益，不违反法律和道德。坚持服从原则要求教师对上级领导符合要求的想法服从执行。与此同时，教师应该发挥自己的专业性，对任务和要求进行思辨、分析，尤其在自己的班级里，一定要掌握自主权，做到在不理解、不领会的情况下不会做出一味附和、一律执行的盲目行为。具有专业意识的教师应该结合实际情况创造性地执行任务。

（3）要有全局观

幼儿园由许多班级、许多教师、许多幼儿组成，全局的利益是大多数教师的根本、长远利益。园长作为全幼儿园的最高领导，考虑的是绝大多数教师的利益。当教师的小我利益与全园的利益产生冲突时，要放弃"小我"，成就"大我"。教师应努力做好自己的本职工作，以本班级的良好风貌为全园工作创造有利条件，推动全园工作的开展。

3. 建立良好上下级关系的方法

（1）了解和尊重领导，相互理解

要建立良好的上下级关系，教师应了解和尊重领导，互相理解。

首先，要了解领导的管理风格和人格特点。在工作开始的前期，利用平时的空闲时间询问同事，了解领导的人格和做事特点，比如，领导的优点、缺点和兴趣爱好等。注意在了解的过程中，要争取多方询问，尽量客观全面地了解。同时，要注意询问的方式自然坦诚，不要引起反作用，被误认为是别有用心。教师应该利用这些信息发现领导积极的一面。

其次，要理解领导工作任务的特殊性。幼儿园园长要管理整个幼儿园，人员众多，幼儿园工作本身也非常繁杂。一方面，园长要对下面的教师负责任；另一方面，园长还要承担着来自上级领导的压力，以及其他方面的压力。因此，园长在做决策时，往往要考虑多种因素，有时可能会与个别教师的自身想法相冲突，这时就需要个别教师的体谅和理解。

最后，要虚心接受领导的建议。一般来说，园长都是有着丰富的幼儿教育经验，有着科学的教育和管理理念的专业人士。他们的建议可以给教师带来很多专业上的帮助，为教师提供另一种视角，教师应该虚心接受，不明白之处可以直接提问。

（2）主动出击，展示自己

与领导交往的第二种方法就是主动出击，展示自己。教师要学会变被动为主动，不良的关系往往是因为缺乏沟通，不了解对方而导致的。教师应该根据自己的需要，通过多种方式让领导知道本班的具体情况。一方面，是让领导清楚地看到教师在班级里做得很棒的事情，可以把幼儿的美工作品送到领导的办公室，或者邀请领导参加班级里的美食活动；另一方面，则是寻求专业帮助，邀请领导观摩自己认为有问题的活动环节或环境，将自己的困惑或问题告知领导，与领导一起讨论，寻求专业方面的帮助。除了在教室里，教师也可以定期与领导在办公室里会面，讨论一些顾虑或问题，未雨绸缪。如果没有什么问题可以讨论，那么可以利用这个时间与领导进行积极的互动和反馈。领导同样需要鼓励，教师应对领导所做的努力进行正面积极的回应。

另外，教师应该主动承担符合自身特点的工作任务，不逃避、不被动，多提一些建设性的建议。

（二）与搭班同事之间的人际关系管理

在幼儿园工作中，与教师相处时间最多的是搭班教师、保育员，教师与她们之间的关系直接影响着教师的心情和工作效率。在班级中，三位教师之间和谐关系的建立不仅能营造良好的班级精神氛围，而且能为幼儿的模仿树立积极的榜样。

1. 幼儿园教师与搭班同事之间关系的定位

（1）工作合作者

幼儿园班级中一般有两位带班教师和一名保育员。三位教师在班级中分工有所不同，但是彼此之间又有交叉。比如，主班教师在与幼儿进行户外活动时，配班教师和保育员需要做好活动的准备工作，关注活动中幼儿的安全和满足幼儿的生活需要。班级中少了任何一位教师，班级管理的运转都会出现问题，尤其是各类集体活动，光靠一位教师是无法完成的。因此，教师要充分认识彼此的重要性。

（2）资源共享者

一个人的精力和力量是有限的，而且在一个幼儿园里，每位教师参加外出学习的机会不一样。资源共享可以帮助教师获得更多专业信息和资料，有利于教师的积极学习和专业发展。在实践中，资源共享也有着重要的意义。在班级中，教师外出参加学习回来后，应该将自己学习的内容与其他教师进行分享。尤其是当这位教师通过学习获得启发而想在班级里进行一些调整时，只有三位教师都对该事务清晰的前提下，调整才有可能变得积极有效。否则，调整往往会受到其他教师的阻挠。由此可见，资源共享可以让教师更容易理解其他教师的教学理念，有助于班级工作的制度化，更有益于班级教师团队意识的形成。

同时，教师应避免在资源共享的基础上本着"拿来主义"行事。有些教师看到了一些好的环创方案或活动方案，不管适不适合自己班级的情况，直接就用。这就违背了资源共享的前提：共享促进思考和创新。

（3）发展互助者

幼儿园教师的专业发展离不开其他教师的帮助，尤其是同一班级教师的支持和帮助。教师应该相互观察对方的教学行为，在班级中建立学习共同体，根据自己的思考为对方提出专业性建议。

2. 与搭班同事建立和谐关系的方法

教师可以通过多种途径和方法与搭班同事建立良好的关系，营造和谐的班级氛围，为幼儿发展和自己的专业发展提供良好的精神环境。

（1）主动做好自己应该承担的任务

建立和谐同事关系的第一步就是自己的事情自己做。在人际关系中，主动示好是教师建立良好关系的好方法。在工作中，主动示好就是主动做好自己应该承担的任务，在做好自己的事情后，如果能够适当地帮助他人，则更有利于和谐关系的建立。

（2）尊重并接纳他人

在领导眼中，班级中的三位教师是一个群体，就是说"一荣俱荣，一损俱损"。因此，教师要与搭班同事建立积极的关系，发自内心地尊重和接纳他人，与他人分享材料和各种点子。但是，教师在分享与表达时，要注意不要表现出优越感，即使是主班教师，也不要用命令的语气要求配班教师或保育员帮助自己或给自己出主意。

（3）注重沟通的方式

问题之所以产生是因为沟通不到位、信息不对称，因此，教师要注重平时跟搭班同事之间的沟通方式，只有积极有效的沟通，才能从根本上解决问题。首先，营造轻松的氛围。比如，沟通时选择有沙发、靠垫的地方或是比较温馨的地方，带一些对方喜欢吃的水果、零食，这样对方会心情愉悦，更有利于交谈。其次，保证有充足的时间来解决问题。解决问题须要集中精力，一旦被打扰，就难以继续下去。比如，选择每天中午幼儿都在午睡的时候或下午幼儿都回家之后的一段时间进行沟通，两人并排而坐，客观地说出自己心里的想法。最后，使用一些新颖的和效果更好的方法进行沟通，如通过电子邮件、便签本、电话、微信等进行沟通，或在每次开会之前进行分享等。

（4）学会欣赏他人

每个人都不是无所不能的，不要假装对自己的工作无所不知，接受自己也会犯错的现实，这样更容易接受他人的帮助。学会欣赏他人对建立良好的同事关系也是积极有利的。教师应学会向有能力的同事寻求帮助，同事通常会愿意提供建议或直接帮助。当接受帮助时，自己应对别人的帮助心存感激，并给予积极的正面回应。

（5）学会正确地处理冲突

在带班的过程中，可能由于理念的不同，看问题的角度不同，或者性格不同等原因，教师之间会产生冲突。这时，教师的处理方法显得非常重要。首先，教师要对冲突产生的原因和冲突程度进行分析。如果不严重，可以通过妥协或谈判的方法来解决；如果比较严重，要通过寻找中间人做出仲裁来解决冲突，这个中间人一般是年级组长或彼此都熟悉的人；如果非常严重，那只能请园长运用其正式权力的权威，按照规章制度发出强制性命令来解决。正确地处理冲突，可以避免事情失控。

（三）与其他同事之间的人际关系

为了班级管理的有效性和自身的专业发展，幼儿园教师除了要对自己班级中的教师关系进行管理以外，还要对与其他同事之间的人际关系进行管理。

幼儿园教师可以与其他同事建立学习小组或发展共同体，主动邀请其他同事进行班级现场观察，一起诊断班级管理过程中存在的问题并提出专业性的建议。同时，教师要了解其他同事在专业上的特长，尤其是班级管理方面做得特别好的，应主动请求到对方教室进行观摩，学习对方好的管理思路和方法。

第二节 幼儿园班级家长工作管理

一、幼儿园班级家长工作管理概述

幼儿园教育要承担教育幼儿和指导家长的双重工作，家长工作是教师进行班级管理的重要内容。做好幼儿园工作和家长工作之间的连接，家园双方积极参与幼儿教育工作，优化整合所有可利用的资源，为幼儿的身心健康发展提供良好的环境。

（一）幼儿园教师与家长之间关系的特点

幼儿园教师与家长之间的关系因幼儿的存在而形成，幼儿的成长离不开家长和教师。

家庭教育和幼儿园教育缺一不可，教师需要弄清楚两者之间的关系才能真正做到两者的有效融合。

1. 以幼儿为交往内容

幼儿园教师与家长之间的关系实际上是教师、家长和幼儿三者之间的关系。没有幼儿的存在，教师与家长之间的关系就不会存在。教师要充分认识到这一点，应该做到：谈论的话题以幼儿的发展为内容，不单独评价家长自身的行为问题；把握好工作需要与八卦心理两者之间的界限；不要站在道德制高点去妄加判断幼儿的家庭事务；尽量不要与家长之间有与工作无关的私人接触。

2. 以教育为交往目的

广义的幼儿教育包括幼儿园教育和幼儿的家庭教育。幼儿园教育是正规的机构教育，教师具有专业知识和专业素养，组织幼儿开展有目的、有计划的教育活动；而幼儿的家庭教育是正规机构教育之外的一种教育形式，主要由幼儿的父母通过平时生活中的潜移默化来达到教育的效果，带有明显的随意性、灵活性和针对性的特点。虽然这两种教育的教育途径和教育方法有所不同，但是它们有着共同的教育目的——促进幼儿身心健康发展。家庭教育的目标是与幼儿园教育的目标紧密相连的，这就决定了两者的教育内容具有一定的相关性。

3. 以合作为交往手段

家庭是幼儿最主要的生活环境，家庭教育是一切教育的基础和起点，对幼儿发展起着至关重要的作用。从时间和功能上来看，幼儿园教育是家庭教育的补充和延伸，两者有着各自的优点和缺点，只有相互合作才能发挥积极的作用。

教师要充分认识家庭教育和幼儿园教育各自的优势和不足，密切双方的沟通联系，增进共识并尽可能配合协作，共同参与到幼儿教育中，实现优势互补、同向同步，发挥教育合力的作用。比如，小班幼儿的家长在幼儿入园之前，做好充分的准备工作就会大大减少幼儿的入园焦虑情绪，再加上教师设计幼儿喜欢的活动，帮助幼儿尽快地融入集体生活，幼儿就会喜欢上幼儿园。反之，家长不做准备，教师做得再多，成果也有限；家长做得再好，教师做得不好，成效也很难维持。可见，只有家园合作，才能达到教育同步，最终促进幼儿全面发展。

（二）幼儿园班级家长工作管理的意义

《纲要》中指出，家庭是幼儿园重要的合作伙伴。教师应本着尊重、平等、合作的原则，争取家长的理解、支持和主动参与，并积极支持、帮助家长提高教育能力。管理好幼儿园班级中的家长工作，可以保障幼儿园教育的成效得到有效延续和扩展。

1. 做好家长工作，可以保障幼儿教育的针对性

从教师角度来看，通过与家长的沟通，教师可以更全面地掌握班级中每位幼儿的家庭教育背景、生活环境和发展状况，可以更加有针对性地制订班级工作计划和教育方案。从家长的角度来看，经常与教师进行沟通，家长可以了解幼儿在幼儿园的学习和生活状况，树立正确的儿童观和教育观，以便在家庭中积极地开展有效的教育活动。由此可见，做好家长工作，教师和家长都能了解到有关幼儿最真实、全面的信息，可以更加有针对性地实施教育。

2. 做好家长工作，争取物力、人力等支持，丰富幼儿园的教育资源

家长来自不同的家庭，有着不同的背景和资源。幼儿园的资源是有限的，充分利用家长及其所在社区的教育资源，能够丰富幼儿生活和学习的材料，扩展幼儿生活和学习的空间。

3. 做好家长工作，能更有效地实现亲子互动

大部分的家长没有接受过专业的幼儿教育，仅凭借自己的已有经验跟幼儿交往互动，效果并不佳。有些家长不知道该如何与幼儿互动，有些家长没有时间与幼儿互动，有些家长没有形成与幼儿互动的意识。教师可以改变这些现象，幼儿园通过开展各式各样的亲子活动，帮助家长用更加科学、积极的方式与幼儿进行互动及情感沟通，建立和谐的亲子关系。此外，家长了解了幼儿在幼儿园的学习、生活情况，又可以以此为内容在家庭中进行有效的亲子互动，扩展幼儿的经验。

4. 做好家长工作，提高家长育儿的参与度，共同做好班级保教工作

班级管理要长期取得良好的效果，必须得到幼儿家长发自内心的认同和支持。教师通过组织各种形式的家长工作，调动家长的参与积极性。家长有机会了解幼儿在幼儿园的学习、生活情况，理解幼儿园教育工作的不易和重要性，进而激发其参与教育工作的热情。与此同时，幼儿也能看到自己的父母参与教育，由此产生钦佩、尊敬的情感，促进亲子关系的发展。做好班级管理工作、提高幼儿保教质量离不开家长的关注与支持、监督与评价。

（三）幼儿园班级家长工作管理的内容

按不同的角度来划分，幼儿园班级家长工作管理的内容也有所不同，主要有以下几种分类：

1. 按工作的顺序进行划分

（1）制订幼儿园班级家长工作计划

教师要根据园务管理计划、班级前一阶段家长工作的实施情况、现阶段家长工作的情况、幼儿的需求和家长的实际情况来制订现阶段的家长工作计划。教师在制订计划时，要注意计划的针对性（小、中、大班幼儿的家长需求会有所不同），家长工作的内容整体性和所有人员的参与性，最重要的还是计划的可行性（主要考虑场地、时间和人员等因素）。

（2）实施幼儿园班级家长工作

教师要因时、因地、因内容灵活、合理地安排班级家长工作。教师在组织和实施家长工作的过程中，要注意以下问题：遵循必要的原则，明确教师和家长各自的工作职责，不要逾越，更不要袖手旁观；优化组织形式，掌握家长工作的策略和技巧，合理利用家长资源，调动家长的积极主动性；做好时间和空间上的规划，让家长能够有充分的机会参与活动。

（3）对幼儿园班级家长工作进行评价

家长工作的评价是对班级家长工作计划的落实情况进行全面的梳理与评估，总结管理的成效和经验，发现管理过程中存在的问题和不足，进行分析和研究，并用书面的形式把这些内容记录下来。这样可以提高班级家长工作的效率，提升教师对家长工作进行管理的能力。

2. 按家长工作的目的进行划分

（1）教师指导家庭教育的工作

教师指导家庭教育的工作是教师要对家长的育儿情况和需求有所了解，并在此基础上对家长进行有目的的指导。教师可以有针对性地宣传科学育儿知识，引导家长树立正确的育儿观和教育观，推荐优秀的家庭教育读物，介绍符合幼儿兴趣和需要的玩具和书籍等。此外，教师要针对不同幼儿及其家长的情况提供个性化的指导，这是最重要，也是最难的家长工作内容。

（2）教师组织家长参与班级管理的工作

随着家长受教育水平和对早期教育重视度的提高，为了增强家长对幼儿园教育的正确认识，教师要适当组织家长参与幼儿园班级的管理工作。目前，家长参与工作主要分为三类：一是对班级物质环境的管理，如收集环创材料、制作环创物品等；二是参与班级活动的管理，如寻找活动场地、提供活动材料、收拾活动场地等；三是参与班级财务的管理，如交纳班费，对班费的使用进行登记管理和监督等。

（3）教师与家长进行双向交流沟通的工作

教师要保持与家长进行双向的交流和沟通。这种双向体现在：一方面，教师要坚持开辟多种形式的家园沟通平台，让家长的沟通需求得到满足；另一方面，教师要经常主动地发起与家长的沟通，鼓励和调动家长交流、沟通的热情，发现家长的需求。

（4）教师指导家长进行监督和评估的工作

幼儿园一般会安排家长监督和评估教师的班级管理工作，教师要做好这类工作。在工作开始前，教师要向家长强调此项工作的重要性，让家长感受到幼儿园及教师对家长建议的重视；在工作过程中，教师要引导家长真实地表达自己的想法，减轻他们的顾虑；在工作结束后，教师应及时对家长的建议进行反馈，做好调整工作。

（四）幼儿园班级家长工作管理的原则

1. 平等性原则

平等性原则是指教师在进行家长工作管理时，要理解和尊重家长，建立平等互助的伙伴关系。这要求教师摆正自己与家长之间的关系——不是教育者和被教育者的关系，不是服务者和顾客的关系。教师应该站在家长的角度和立场看待问题，避免自我中心主义，忽视家长的教育地位和作用。有些教师在进行家长工作时，往往采用发号施令的语气或单向通知，甚至因幼儿不好的表现指责家长，这样的做法只会增加家长与教师之间的隔阂。教师只有做到尊重家长，认同家长的教育作用，才能充分发挥家长的主体作用。

2. 全员参与原则

全员参与原则是指幼儿园班级中所有幼儿的家长、所有教师及保育员都要参与家长工作。一方面，家长工作是面向全班每位家长的。教师不能因为任何因素拒绝家长或避免某位家长参与，应对所有的家长一视同仁。哪怕家长自己不愿意参与，教师也应该弄清楚家长的意愿，做好相关的动员工作。另一方面，家长工作是班级中所有教师（包括保育员）的工作。教师全员参与才能保证班级家长工作的一致性，才有利于良好工作氛围的营造。

3. 常态化原则

常态化原则是指教师要坚持做到工作管理的经常化和日常化，根据具体情况及时调整工作内容和策略等。教师应该将家长工作纳入班级日常工作程序中，制订家长工作的实施方案，随时与家长进行交流，及时调整各自的教育行为。

二、制订幼儿园班级家长工作管理的计划

家长工作繁杂，教师必须提前制订管理计划，从而保证各项工作的顺利进行。教师首先要明确家长工作计划的基本要求，其次要明确各阶段的工作内容，最后做好审查工作，提高计划的可行性和完整性。

（一）在分析现状的基础上构思计划

为了保证家长工作的实效性，教师必须在分析现状的基础上构思班级家长工作计划。分析现状主要从幼儿园、班级和家长这三个方面来进行。此外，教师在构思计划时，还要参考上一阶段的工作总结，对计划做进一步的优化。

（二）在明确任务的前提下制订计划

为了保证家长工作的针对性，教师要明确工作的任务，全面制订好计划的内容。可以从教师指导家庭教育工作、家长参与班级管理的工作、教师与家长进行双向交流沟通的工作、家长进行监督和评估的工作这四个方面来制订。

（三）结合班级的实际情况确定具体计划目标

为了保证家长工作计划的可行性，教师要结合本班实际情况来确定具体的计划目标。班级家长工作的总目标主要有：努力营造家园合力的教育环境，提高亲子关系、师生关系、家园关系的亲密度和融洽度；结合本班家长的实际，找准切入点，提高家长对班级工作的参与度，丰富活动内容和参与方式；调动家长有意识地学习教育孩子的经验，自觉学习育儿知识，不断提高自身各方面的素质。教师要根据幼儿所处的不同年龄段和发展特点以及家长的需求来做相应的目标调整。

三、幼儿园班级家长工作的实施

在制订好幼儿园班级家长工作计划之后，有效地组织家长工作和实施家长工作计划是幼儿园班级家长工作管理最重要的环节。教师要根据具体的需求选择合适的组织形式，注重计划实施过程中与家长之间的沟通，做好各项保障工作。

（一）幼儿园班级家长工作组织形式的分类

根据参与家长数量的不同，幼儿园班级家长工作的组织形式可分为集中式和分散式两种。

1. 集中式家长工作组织形式

集中式家长工作组织形式主要是面对全班幼儿的家长，便于教师解决班级里的共性问题和系统化地开展一些活动。

（1）班级家长会议

①班级工作会议。

班级工作会议一般是由保教人员在学期初或学期末主持进行的，主要是向家长介绍或总结本学期班级的教育工作。在学期初的班级工作会议上，教师主要是与家长分享本学期班级工作的规划和目标，尤其是家园合作方面的具体要求。在学期末的班级工作会议上，教师主要是针对本学期的工作进行总结和评价，并将假期的相关工作事项向家长说明。

②班级家长讲座。

班级家长讲座的开展，是为了满足幼儿发展和幼儿园工作的需要，帮助幼儿家长树立正确的教育观和儿童观等。教师在安排讲座时，要注意与幼儿园的教师讲座区别开来。讲座可以由保教人员来主持，可以请有特长的家长来主持，也可以请某领域的专家来主讲，比如，在传染病高发期之前，请儿科医生来讲解如何有效地预防传染病等。

③班级经验交流会。

在班级经验交流会上，教师可以组织一些在育儿方面有经验的家长来做分享，也可以就某个集体性的育儿问题展开讨论，寻找好的解决方法。这种经验交流会要充分发挥班级家长委员会的作用，事先对家长的情况进行摸底，了解大致情况。教师在组织交流会时也要注意活动的形式，光靠大家用语言来交流，可能会出现冷场的现象，可以准备一些游戏或操作类活动。

（2）家长开放日活动

家长开放日活动是教师邀请家长来班级观摩或参与幼儿园活动的一种活动形式，时间可以固定，也可以不固定。教师组织家长在开放日进班观摩或参与活动，可以帮助家长最直观地了解幼儿园的教育理念、班级的教育氛围、教师的教育特点，让家长更加理解幼儿教育。教师在组织开放日活动时，要注意以下事项：①活动前写好活动计划，做好开放日活动的各项准备工作；②确定活动目标，根据班级的周计划来选择合适的活动内容和活动形式；③提前一天告知家长有关活动的注意事项和相关安排；④做好活动的总结工作。

（3）家园联系栏

家园联系栏一般设置在班级教室门口的墙面上，其主要功能是向家长介绍班级的保教周计划、好的教育理念或教育知识、家教指导文章、活动通知等内容。

（4）网络平台

教师可以利用网络平台建立与家长的沟通。一方面，网络平台具有便利性、及时性，能让家长更及时、生动地了解幼儿的情况。比如，在幼儿刚入园时，教师会分享每位幼儿在班级活动中的照片，减轻家长担心幼儿能否适应幼儿园的焦虑情绪。另一方面，网络平台大大地提高了教师的工作效率。比如，教师想以"春天来了"为主题，用幼儿作品创设班级环境，就可以在网络上搜索一些与自己想法相关的作品信息，放到班级网络平台上供家长借鉴，这比单纯的语言表达要更有效。

但是网络平台的建立也会带来许多问题，比如，有的家长会在网络平台上闲聊，有的家长因为文字表达不到位而产生冲突，有的家长甚至会在网络平台上发送广告。因此，教师在建立网络平台时，要提前联系家长，讨论如何有效地管理班级网络平台。一旦制定好规则后，大家必须严格执行。

（5）班级亲子活动

为了增进亲子之间的关系，加强情感交流，让家长对幼儿园工作有更多的了解，教师会组织班级亲子活动。常见的亲子活动形式有亲子运动会、亲子春游、亲子远足等。此外，也会在一些节日当天，邀请家长来园与幼儿一起度过。

2. 分散式家长工作组织形式

分散式家长工作组织形式主要是针对班级中个别幼儿的家长展开活动的形式，具有工作对象明确、针对性较强的特点。这种组织形式更有利于教师与家长之间建立密切的联系，获得家长的认同和支持。常见的分散式家长工作组织形式有家访、接送时的简单交流、家长约谈、电话沟通和家园联系手册等。

（1）家访

家访是常见的一种家园联系方式，指的是教师到幼儿的家庭中去，与家长进行沟通，了解幼儿在家的生活和教育等情况。

家访按其时间，可以分为入园前家访和入园后家访两种。入园前家访指的是教师在幼儿入园之前进行家访，主要目的是让幼儿提前认识教师，减轻幼儿的入园焦虑，也让教师提前了解幼儿，方便入园初期的工作开展。入园后家访则是指幼儿已经进入幼儿园学习后，教师到其家庭中进行交流的情况。入园后家访按其性质，可分为经常性家访和临时性家访两种。经常性家访是指学期教学计划中已安排的、固定的家访，主要是为了保持与家长的联系，尤其是那些很少去幼儿园的家长。

（2）接送时的简单交流

接送时的简单交流是指教师可以选择在幼儿来园或离园时，与家长进行简单的交流。这是幼儿园中最常见的、最简洁的家园联系方式。交流的内容主要包括告知家长幼儿在园的主要情况，了解幼儿在家的生活和学习情况，收集一些有关幼儿的特别注意事项等。

（3）家长约谈

家长约谈是指教师与家长提前约定一个时间，双方在幼儿园里就幼儿的情况进行交谈的家园联系方式。约谈一般是针对家长或幼儿的特殊情况进行交流或讨论的。

（4）电话沟通

电话沟通是比较便捷的家园联系方式，但是效果没有面对面交流好。教师一般会在无法与家长面对面交流或遇到紧急情况时才会选择这种方式。

（5）家园联系手册

家园联系手册是一种简洁有效的书面联系方式。它以幼儿的成长特征为线索进行设计，主要内容包括幼儿、家庭和幼儿园的基本情况，用于教师观察与评估，家长观察与填写，便于亲子互动、家园互动、师幼互动。

（二）幼儿园班级家长工作中的沟通

1. 幼儿园班级家长工作的沟通原则

（1）专业性原则

专业性原则是指教师要用专业的理念、知识和技能来与家长沟通。从沟通前的准备、沟通时的表现以及沟通后的处理等环节可以看出一位教师的专业水平。其中，幼儿园班级家长工作中的沟通最重要的是沟通前的准备。教师要对沟通的地点、时间、内容和方法深思熟虑，对沟通的内容更要深入思考。教师可以使用观察、谈话、记录等了解幼儿的基本方法和教育心理学的基本原理和方法事先收集有关沟通的内容，力争做到真实和客观。这样可以避免在沟通的过程中因泛泛而谈而给家长留下不好的印象。

（2）情感性原则

情感性原则是指教师在与家长沟通时，要充分体现出教师对家长和幼儿富有爱心、责任心、耐心和细心。教师在与家长沟通时，要注意语言的使用，语言要温和，还要积极使用各种肢体动作，营造轻松和谐的沟通氛围。

（3）经常性原则

经常性原则是指教师要保持与家长的联系，将沟通作为幼儿园的日常工作，目的在于增强相互之间的理解，达成共识。在与家长的经常联系中，首先，教师应使用多种多样的沟通方式。教师应将面对面的口头交流和书面交流相结合，园内交流和园外交流相结合，正式交流和非正式交流相结合，针对不同的家长选择恰当的沟通方式，激发家长喜欢沟通的意识。其次，教师应选择丰富多彩的沟通内容，在选择内容时，要注意谈论幼儿优点和缺点相结合的原则。一味地谈幼儿的缺点或优点，都不利于家长建立对幼儿的正确认识。另外，除了反映幼儿的学习情况以外，也可以就幼儿的同伴关系、生活能力、情绪状态与家长进行沟通，帮助家长全面了解幼儿的发展现状及过程。

（4）及时性原则

及时性原则要求教师能够在最短的时间内与家长进行沟通，目的在于解决问题，尤其是在发生突发事件时。及时沟通对教师的现场反应要求比较高，教师要清楚各项突发事件的应急方案，并定期进行预演。此外，当教师发现了幼儿的不良行为或发展上的进步时，也要做好及时沟通工作，让家长能够了解幼儿的即时信息。

2. 幼儿园班级家长工作的沟通策略

（1）服务与要求相结合

幼儿园班级中的许多家长虽然为了自己孩子愿意支持教师的工作，但是在被多次要求之后会产生消极的情绪。而且，很多教师往往只是直接在班级群里发送作业要求，没有说清楚事情的前因后果，家长不清楚为什么要这么做，有时候甚至会认为教师是在给家长布置任务。所以，教师要做到服务与要求相结合。

教师在布置任务之前，应先介绍自己已经做了哪些事情、取得了哪些成效、整个计划的制订过程，让家长明白教师前期的计划和准备都是一种专业的思考；在布置任务的过程中，及时了解家长的困惑并解答或给予帮助；在布置任务之后，及时向家长反馈后期的处理，尤其应对幼儿的积极行为进行反馈，增加家长成就感和认同感。

（2）学会倾听与反思

教师要学会成为一名良好的倾听者。教师只有仔细倾听，才能知道家长的真实想法，才有可能与家长产生共鸣，最终成为相互理解的同伴；教师只有仔细倾听，才能让家长体会到被尊重的感觉，才能让家长对教师产生信任；教师只有仔细倾听，才能寻找到与家长建立关系的话题和契机，才能更有效地解决问题。要成为良好的倾听者，应做到以下四个方面：①尽可能安排一个不被打扰的地点和时间进行沟通；②使用积极的口头语言或肢体语言来肯定家长的讲述，理解他们的感受；③在家长进行表述时，不要进行价值判断；④遇到有疑问时，先总结对方的观点，再抛出自己的问题。

在倾听时和倾听后，教师都要及时反思，先从家长的讲述中厘清问题的核心，然后分析问题产生的原因。在分析原因时，教师要学会先从自己身上找问题，然后是家长，最后才是幼儿。在面对家长投诉时，教师一定要学会控制自己的情绪，理性地分析和解决问题。

（3）识别家长的需求，积极沟通

家长群体因为受自身的性格、教育水平、生活环境等因素的影响，他们的育儿观念和教养方式都有所不同。教师应该在沟通之前了解、分析家长的育儿需求及特点，有针对性地进行沟通，才能取得好的结果。

首先，面对使用不同教养方式的家长，教师要识别清楚家长的真正意图，有些家长是在思考后选择了这种方式，有些家长则是一种不管不问的态度，也有些家长可能是在体验了育儿挫败感后不得不妥协。

其次，教师要肯定家长对幼儿教育的重视和培养，认同他们育儿观念的正确之处，引起他们沟通的兴趣，通过一些案例分析或提问引发家长对自身教养行为的深度认识，与家长一起讨论如何做出调整。

再次，家长对教育问题比较关注，教师在与其沟通的时候既要表达对全体幼儿的关注又要体现对其子女的关照。

最后，如果家长的组织能力与语言表达能力较好，教师可以发挥其优势，邀请其参与家委会的管理，或者是承担各类活动的发言等。

四、幼儿园班级家长工作的评价

幼儿园班级家长工作的评价是幼儿园班级管理工作评价的一个重要组成部分，是幼儿园班级家长工作的最后一个环节，也是不能忽视的环节。家长工作评价是指与家长工作有关的人员按照一定的标准，遵循相关程序，有目的、有计划地对家长工作的各个方面进行价值判断的过程。教师要充分认识家长工作评价的作用，严格遵守相关原则，认真制订评价方案，采取行政考核和听取家长意见相结合的方法，不断规范幼儿园班级家长工作管理。

（一）幼儿园班级家长工作评价的作用

1. 幼儿园班级家长工作评价具有反馈调节作用

幼儿园班级家长工作评价是一个循环的过程，遵循着"计划—实施—计划"的顺序不断循环前进。良好、科学的评价可以帮助教师清晰、准确地看到该阶段家长工作取得的成就和存在的问题，起着积极的反馈作用。教师通过评价得到反馈后，可以有效地调整下一阶段家长工作的计划，提高家长工作的效率，更好地实现家园共育。

2. 幼儿园班级家长工作评价具有引导作用

幼儿园班级家长工作评价的引导作用体现在以下三个方面：①对教师的工作方向起着积极的引导作用，促使教师重点把握现阶段家长工作；②评价的内容可以帮助教师厘清该阶段家长工作的重点，并通过主动进行阶段性回顾和反思，提高教师的专业素养；③其他专业人士参与评价，对教师的家长工作能够提出有效的专业建议，进而提升教师开展家长工作的能力。

3. 幼儿园班级家长工作评价具有激励作用

评价教师的班级家长工作是对教师的工作成绩、业务能力等进行判断，这种判断能够激励保教人员更好地开展工作。要想更好地发挥家长工作评价的激励作用，就要做到：评价内容要翔实，用事实说话；评价要引发保教人员的真情实感；评价过程中，要帮助保教人员进行正确的归因，发现存在的问题，并能积极主动地解决。

4. 幼儿园班级家长工作评价具有约束作用

幼儿园班级家长工作评价指标体系可以规范、影响保教人员家长工作计划的制订和组织实施。保教人员应按评价指标设定的任务进行，以期达到预期目标。其计划的制订和行动方式的价值取向，一般要以评价指标体系为依据。由此可见，家长工作评价对保教人员顺利完成家长工作的预定任务、达到预期目的起着约束作用。

（二）评价幼儿园班级家长工作的原则

1. 科学性原则

幼儿园班级家长工作评价的科学性原则是指要遵循科学的方法和规律来进行评价，坚持理论和实践相结合，主要体现在以下三个方面。

（1）评价的指标具有科学性

设计评价指标体系时，首先，要有科学的理论做指导，保证指标体系在概念和逻辑上是准确的；其次，能抓住评价对象的实质，具有针对性；最后，对评价体系的描述必须是客观的，是符合实际情况的。

（2）评价的步骤具有科学性

评价应严格遵守相应的程序和步骤，始终保持科学性，提高评价的信度和效度。

（3）评价的方法具有科学性

进行评价时，应采用总结性评价和形成性评价相结合、单项评价和综合性评价相结合、定性评价和定量评价相结合的方法进行评价，减少评价的片面性。

2. 一致性原则

幼儿园班级家长工作评价的一致性原则主要表现在两个方面：一是评价的目标与班级教育目标、活动目标相一致，都要符合相关政策文件中的教育目标；二是评价的标准要一致，不能因人、因时而异。

3. 多元性原则

幼儿园班级家长工作评价的多元性原则是指评价的过程要具有多样性，具体表现在以下几个方面。

（1）评价方式的多元化

在开展评价时，坚持以人为本的理念，创新多元化评价机制，采用多种评价方式，如教师的自我评价、幼儿的参与式评价、家长的定性评价、教师之间的形成性评价以及幼儿园评价小组对教师的定量评价等。

（2）评价主体的多元化

在坚持自评为主、他评为辅的前提下，教师应建立开放、宽松的评价范围，鼓励幼儿、搭班教师、其他幼儿园工作人员和家长共同参与评价，实现评价主体的多元化，帮助教师在自我评价和相互评价中不断反思和成长。

4. 形成性原则

幼儿园班级家长工作评价的形成性原则是指评价者使评价始终伴随家长工作的全过程，通过评价环节，不断改进家长工作，激励教师不断取得工作上的成功。这就要求评价者把评价的重点从对结果的判定转向对过程的分析，不要将评价的结果单纯定性为好或坏，应关注问题的分析和解决。

（三）幼儿园班级家长工作评价方案的制订

制订一份幼儿园班级家长工作评价方案主要有确定评价的目的、设计评价内容与评价标准、确定评价主体、确定评价指标和选择评价方法五个环节。

1. 评价的目的

在幼儿园班级中对教师的家长工作情况进行评价，首先要清楚评价的目的是什么。评价的目的规定了评价的对象、功能和原则，为评价活动确定了基本方向与规范。一般来说，家长工作评价的目的可以分为以下几种。

（1）研究、完善和发展家长工作

以研究、完善和发展家长工作为目的的评价要求在评价过程中，不断地发现家长工作中存在的问题，并尝试做出合理的解释和调整。它强调家长工作评价的过程性、调整性和促进性。这种评价是研究过程的结果，不仅能发展和完善之前的家长工作、开发新的家长工作，而且会使评价者自身的专业文化水平得到发展和提高。这类评价主要以相关研究人员和教师作为评价主体。

（2）管理家长工作

以管理家长工作为目的的评价，一般以鉴定家长工作质量为其主要功能。这类评价需要通过对家长工作方案进行理性分析，或者对其实际效果进行评定，可作为幼儿园分级分类验收工作的一个鉴定手段，其目的主要服务于对幼儿园的管理、鉴定方面。

2. 设计评价内容与评价标准

评价的内容规定了评价对象的具体属性，为评价信息资料的收集指明了具体方向。在家长工作评价中，评价内容主要是指家庭教育的指导情况、家园联系情况、家长参与幼儿园活动的情况等方面。

评价标准规定了评价内容的程度和水平，为获得评价结果，做出价值判断提供了标准。

评价内容与评价标准融合起来构成了完整的评价目标，规定了评价对象在特定的评价内容上达到的程度和水平，为评价活动提供了评价资料收集的依据与价值判断的标准。

3. 确定评价主体

评价的主体一般包含自己和他人，这里的自己主要指的是教师，他人主要指的是幼儿、家长、同事、领导等。教师要积极对待评价工作，认识到评价工作有利于提高自身专业能力和工作效率，自觉地将自我评价和他人评价有机结合起来。不同的评价内容应选择不同的评价主体，教师要做好这些工作，充分发挥每个评价主体的积极作用。

4. 确定评价指标

评价指标是对评价目标所包含的内容要素进行分析、分解、还原的结果，从而把具有抽象特点的评价目标变成可操作、可测量的指标。

首先，考虑评价对象涉及的内容，用若干项目或要素体现整体的评估目标。上文提到评价内容主要有家庭教育的指导情况、家园联系情况、家长参与幼儿园活动的情况等方面。确定评价指标就是要将这些评价内容进行分析、分解、还原。

其次，将评估项目或要素分解成为中等项目。以家园联系情况为例，可分解为家园联系的内容、家园联系的方式、家园联系的满意度等中等项目。

最后，把每个中等项目细分为可量化的指标体系。例如，对家园联系的内容这一项目可以再细分为与幼儿学习有关的内容、与幼儿生活能力有关的内容、与幼儿社会性发展有关的内容等可操作的指标。

5. 选择评价方法

进行幼儿园班级家长工作评价的方法有很多种，常用的有以下几种：①数量表示法，有百分制的数量表示法和5点或7点量表表示法两种，是根据被评价者达到的程度赋予相应的分数；②程度表示法，用表示程度的词或词组分门别类的方法，常用好、中、差等；③选择项目法，是依据相应的内容设置一些选项，根据目标实现程度进行选择的评价方法。

第八章 幼儿教育环境创设与课程基础奠定

第一节 创设与幼儿教育相适应的环境

一、幼儿园教育与家庭教育的重要性

要想做好对幼儿的教学，那么不仅要重视幼儿的在园教育，家庭也是幼儿主要的教育阵地。对幼儿来说，最有效的教育方式便是加强幼儿园教育与家庭教育之间的联系，多方面对幼儿进行教育。同时，家长要做好与教师的沟通，以此来充分了解幼儿在幼儿园的状况，针对其中存在的一些问题来与教师进行探讨，制定出科学合理的措施，促进幼儿健康成长。

（一）幼儿园教育与家庭教育重要性及关系

1. 幼儿园教育的重要性思考

随着我国社会经济的不断发展，对人才综合素质的要求也就更为严格，所以想要提高人员的综合素质，就必须从幼儿开始抓起。所谓的幼儿园教育，其实就是结合国家所制定的教育目标与学习任务，并在相关部门的监管下，结合社会对人才的需求，实施有针对性的教育。在我国，幼儿教育起步较晚，大部分的家长还没有认识到对幼儿进行早期教育的重要性，所以在幼儿园教育与家庭教育上还存在着较大的误区。而正规的幼儿园具有开放性与整体性等特点，这些特点直接影响着幼儿未来的发展。我国制定的《幼儿园规章制度总则》中明确指出，幼儿园的主要任务就是要将保育与教育相结合，并使幼儿实现全方面的发展，帮助幼儿树立健康的发展目标，并促进幼儿身心的健康发展。另外，幼儿园教育不仅要以幼儿自身的特点为基础，还应当在教育中循序渐进，培养幼儿的适应能力，养成良好的个性。

在幼儿园教育中，幼儿教师会根据幼儿的实际情况来开展教学活动，所以对不同年龄段的幼儿有不同的教育任务。随着年龄的不断上升，幼儿所遵守的规矩也就越来越多，学习的时间也就更长，对于这些，需要幼儿能够及时调整自己，这样才能适应以后的学习生活。

2. 家庭教育的重要性思考

人的一生中，家庭教育影响决定着这个人的未来发展，家庭教育一直伴随着人的一生，同时也是在家庭互动的过程中长辈对子女的未来成长所产生的影响。所以家庭教育主要分为两个方面：一方面是家庭教育不仅包括了父母对子女的教育，还包含了子女对父母的教育；另一方面则是单向的父母对子女的教育。但是在幼儿教育中，所讲述的家庭教育更倾向于第二种，也就是比较狭义的家庭教育。家庭教育具有灵活性高、连续性好等特点。父母对幼儿的教育不会受到时间与地点等外在条件的影响，教育内容也可结合具体情况来进行。而幼儿在接受这样的教育时，记忆也会更加深刻与具体。且在家庭教育中，父母结合幼儿已掌握的知识内容，进行有的放矢的教育，也是幼儿园教育无法达到的。且在这种环境的长期影响下，幼儿不需要适应期，就能在自己熟悉的环境中巩固自己的思想道德与言行，并形成良好的学习习惯。

3. 幼儿园教育与家庭教育二者互补

想要充分发挥幼儿园教育在实际教学中的作用，就必须加强幼儿园教育与家庭教育之间的联系，让家庭教育促进幼儿的健康成长，同时让幼儿园教育辅助家庭教育。一方面，由于家庭教育具有一定的封闭性与片面性，所以会影响幼儿的未来发展。幼儿园教育是学校教育的一部分，在教育的性质上，呈现出了较强的目的性与系统性。另外在实际教学中，家长对孩子的不听话常常无计可施，这是由于家长对教育的理念与概念不了解，也就不能从科学的角度出发来进行教育。虽然家庭教育对幼儿来说伴随整个发展阶段，但是也应当借助幼儿园教育的指导，这样才能真正确保家庭教育具有科学合理性。另一方面，幼儿园教育的教育目标能够反映出社会的需求。

（二）促进家庭教育与幼儿园教育两者相互联系

要想做好对幼儿的教育，就必须充分加强幼儿园教育与家庭教育之间的联系。要积极开展亲子活动，通过亲子活动让家长直接参与到幼儿园活动中，且通过开展亲子活动让教师、家长与幼儿之间进行良好的情感沟通，加深对彼此的理解与认识，家长通过参加亲子活动，能及时了解幼儿的实际成长情况，并了解幼儿园教育，从而与幼儿园保持一致的教学目标。这样还可确保将幼儿的知识体系与生活经验联系在一起，最终让幼儿达到融会贯通的效果。总之，想要真正做好幼儿教育工作，就需要幼儿园与家长联合起来，将幼儿园教育与家庭教育融合在一起，建立良好的沟通渠道，这样才能够确保幼儿在未来的发展道路上健康成长。

二、重视良好家庭环境的创设

家庭环境影响着儿童（尤其是年幼儿童）发展的质量，积极接受环境刺激，能使幼儿各种能力得到迅速发展。

皮亚杰的认知理论告诉我们：幼儿正处于前运算阶段，对于抽象的东西难以接受，加之他们活泼好动、喜欢探索的天性，决定了环境创设与改变不仅有利于幼儿行为发展的改变，也有利于幼儿认知冲突的引起而激发其认知的发展。幼儿对各种事物都充满了好奇，并有了解探索的要求，他们不仅需要学校和社会给予他们知识，更渴望父母为他们创设一个良好的活动天地来满足探索的要求。这就需要我们家长注重家庭生活环境的熏陶，有意识地为孩子创造一个和谐、良好、优美的家庭生活环境，使孩子置身其中，在日常生活中接受影响。由此，创设良好的家庭环境，对孩子的健康成长是十分重要与迫切的。良好的家庭环境就像无声的教师，引导着孩子向健康的方向成长和发展。

（一）和谐的生活氛围

家庭是依靠有血缘关系的人组成的。家庭成员的关系构成了家庭生活的氛围。家庭生活氛围直接影响着家庭成员的情绪和健康，对儿童来说影响则更大。许多研究证明，家庭生活氛围对儿童性格的形成有着十分重要的作用。它在陶冶儿童心灵，促使其情感健康发展方面有着至关重要的地位和功能。理性的家庭生活氛围是和谐的，各个家庭成员之间关系协调、融洽，形成了温暖、轻松、快乐、积极向上的氛围。在这样的生活氛围中儿童得以健康地成长。

1. 创设和睦愉快的精神环境

处理好家庭成员之间的关系是建立和谐家庭氛围的关键。夫妻之间互敬互爱、感情融洽，就营造出一种温馨的家庭氛围，能给孩子带来安全感和情感上的满足，也能让儿童从父母身上体会到什么是爱和亲情、关怀和理解，怎样与人相处等。此外，在大家庭中，各个家庭成员之间应该互相尊重，晚辈尊敬热爱长辈，长辈关心晚辈，使整个家庭关系融洽、气氛宽松。当然，各个家庭成员脾气、性格和习惯各不相同，不可能没有任何矛盾和冲突。但是要尽可能冷静理智地处理矛盾，并尽可能避免儿童来解决问题。

家庭是孩子的避风港，父母的翅膀保护着涉世未深的孩子。作为家长，准确把握社会对角色行为的期望，在家庭中注重精神环境的创设，这是教育好子女的先决条件。家长应该明白，家长既是孩子的导师，又是孩子的朋友。孩子年龄小，易受环境的影响，可塑性大，家长应有目的、有意识地主动和孩子交朋友，以平等的身份走进孩子的内心世界，了解孩子的内心需求，尊重孩子的合理要求。并且在家庭中进行一些富有情趣的娱乐活动，这样既能促进与孩子的情感交流，又能使彼此产生共同语言。在愉快的活动中孩子易于接受家长的教育，也能体验到安全感和信任感，这就有助于促进孩子朝气蓬勃、活泼开朗的良好个性的形成。

2. 文明行为、文明语言

父母的一言一行、一举一动都是儿童学习模仿的样板。作为家长，父母一定要处处考虑自己的言行会给儿童留下怎样的印象。

为此，家长要检点自己的行为，不可自由放纵，与孩子们共同学习，以自己的态度为孩子树立榜样，同时提高自身的能力，去正确地引导孩子。文明生活、文明谈话，也就自然给儿童传递了文明，创造了和谐的家庭生活。

3. 生活内容丰富、高尚、多彩

家庭生活应该是丰富多彩的。父母应该有广泛的兴趣，除了在工作之余休息、看电视等休闲活动外，还应引导幼儿一起进行多种有益的活动，譬如，郊游、下棋、看书、体育锻炼等，让孩子在多彩的生活中身心得到陶冶。虽然家庭生活是自由自在的，但是家长应该自我控制，避免过分沉迷于打麻将、打牌、玩手机等活动，以免给孩子造成不良的影响。

（二）创设属于儿童自己的小天地

现在的幼儿大都住在独门独户的房中，许多家庭的孩子并不相互往来。孩子在家不是大人陪着，就是一个人孤独地玩，这样不利于幼儿的整体发展。儿童作为家庭生活的一员，他们有着自己的活动、兴趣和能力，所以不能忽视儿童的特殊需要。在生活中尊重儿童，就应在家庭里为儿童安排一个属于他自己支配的、任他活动的小天地，给孩子更多的自由活动时间和空间，让孩子自由地表达自己的心愿和体会。有了这个小天地，幼儿可以在自己的小天地里，凭自己的兴趣选择活动内容，进行积极愉快的学习，同时也可以邀请好伙伴共享愉快时光。如此，儿童的需要可以得到满足，儿童的独立性、自主性以及各种能力都可以在这个小天地里得到锻炼和提高。我们幼儿园里的亮亮小朋友，家中比较宽敞，父母就为他设计了孩子的小天地，小天地里应有尽有，如玩具、许多半成品材料、饲养动物等，并时常会邀请小伙伴一起玩。现在，他不仅语言得到发展，知识丰富了，求知欲增强了，而且在拼拆玩具的过程中动手能力得以提高，原先任性、暴躁的性格逐渐改变，对同伴也有了爱心。这些变化得益于自由、平等、宽松的家庭环境。

1. 放置基本设备

在儿童的小天地里可放置的基本用品有小桌子、小椅子、玩具柜、地上铺的垫子等。应该根据各个家庭的实际情况去提供，不断改善，能够增强儿童的兴趣。

2. 放置儿童玩具

玩具是儿童的伴侣，也是儿童的教科书。有了玩具便可以引起儿童的活动，有了活动儿童便可以得到发展。对于不同年龄的儿童，放置的玩具应是不同的，要根据儿童的发展能力需要以及兴趣去选择玩具。一岁前儿童的玩具主要是练习手的抓握和带响的可活动的玩具；一岁和两岁的儿童玩具是练习行走和手的操作的玩具；三岁儿童的玩具是活动全身的、发展智力的和练习手的技能的玩具；四岁、五岁儿童的玩具除了成型的积塑、积木、拼板、棋类等玩具外，还可以给儿童提供一些玩具性工具和材料，同时也可提供一些文字、数字的材料。

3. 由儿童自己布置，自己管理

儿童的小天地应该鼓励儿童来参与布置，逐渐培养其管理能力，使儿童了解这是属于他的一方天地，他要负责，增强主人翁的感觉。管理能力需要逐步培养。对三岁以前的儿童不能提出这个要求，只是让儿童知道这个小天地属于他，那里有许多好玩的东西，在这里可以自由地去玩，由父母亲来为他整理布置这个小天地，三岁以后逐渐培养儿童管理小天地，比如玩后将玩具收好，摆放整齐。五岁以后要调动儿童的主动性、积极性，让儿童用自己的想法来布置小天地，锻炼孩子的独立能力。

4. 儿童天地中的物品与儿童活动连接

儿童的活动是丰富多彩的、是富于变化的。与此相适应，小天地中摆放的玩具和用品应有更换，不可长久不变，否则小天地将会失去吸引力。可以让儿童从生活中搜集一些可用的物品和材料，拿到小天地中来玩。

（三）创设整洁有序、时有变化的物质环境

家庭中的物质环境是无声的教师，家长在装饰室内环境，追求舒适现代的家居布置时，也要考虑到儿童的需要。随着生活水平的提高，不少家庭的居住条件改善了，有的家庭迁入新居，装修考究，各种摆设美观高级，电器产品应有尽有，但却忽视了孩子的存在。它们也许会束缚了孩子的手脚，孩子唯恐弄坏遭父母责备。因此，家长应该意识到，作为明智的父母，环境布置的要求应从儿童的角度出发。具体做法是整洁、有序并做到时有变化，而且环境布置可以吸引孩子一起参与，这样，孩子对家庭也就会更加关心。

1. 整洁是指摆放有序

家中物品的摆放，大到家具，小至日用生活品等都要摆放安全，便于使用。各个物品都有固定的位置，并且养成用后物归原处的良好习惯，使得家庭环境保持整齐。这不仅能给人以赏心悦目的感觉，还能够使儿童养成整洁的习惯。

2. 家庭环境装饰和布置应优雅大方

虽然各个家庭有着不同的审美观点和爱好，但是从儿童教育的角度来考虑，环境色彩不宜过于花哨和艳丽。过多的色彩和装饰不利于儿童视觉的发育，而且还会使儿童注意力涣散。

3. 时有变化的环境

儿童喜欢变化和动态的环境，变化的环境有助于精神焕发，它可以不断引起儿童的新鲜感，使儿童更加注意环境的变化，从而发挥环境中各种物品对儿童的刺激和影响。家具的位置可以做适当的调整，室内装饰和布置也可根据季节、节日以及一些特殊的日子等适时地进行改变，如过年的时候挂上灯笼、彩灯或彩带等，使得家庭环境变得更为吸引人。

（四）安全的、无危险隐患的环境

环境对儿童的成长具有重要的教育意义，但是不当的环境也会给儿童的身心带来伤害。尤其是当儿童会走以后，安全的环境对儿童的成长就显得尤为重要。尚不知人事的幼小儿童会四处走动，知识经验缺乏的他可能会把药片放进嘴里吃了，而且他们的动作发展还不稳，极容易发生烫、烧、砸等危险事故。近些年来，儿童在家中受到伤害的事件屡见不鲜，应该引起家长的重视。有孩子的家庭应该将环境中一切会造成儿童危险事故的设备以及用品加以妥善地安置。

1. 电器设备的安置

一切电门应该置于隐蔽处，以儿童看不见、找不到为准。如果放置于儿童能够到的地方，应该选购那些具有安全装置的接线板。电线架设的时候不要沿地，尽量不在明处。对家中的电器设备要经常检查，防止漏电；不用的电器要及时拔掉插头；禁止幼小儿童触摸电器设备；对稍年长的儿童，家长可逐步教给他们安全使用家用电器的方法以及安全常识。

2. 门窗的安全

家中的门窗应该牢固。儿童在家时应该将门窗关好，有牢固的插头和锁，教育儿童不要攀登窗台或者阳台，以免不幸事件的发生。

3. 管理好天然气或煤火，防止煤气中毒或烫伤事件

尤其在我国北方地区，在冬天生煤炉时一定要安装烟筒，家中没人时一定要关好开关以免造成危险事件的发生。要告诉孩子，不能随意碰开关，提醒幼儿煤气泄漏时的危险，提高安全意识。

4. 家庭药品的管理

成人药品和儿童药品要分开放置管理。药品要放置在儿童拿取不到的地方，如放置在柜中或锁好。过期的药品要及时处理掉，以免误服。

5. 家具的安全

在儿童经常活动的区域，家具的棱角和牢固稳定的程度也应该加以改造和加固，以免碰伤。同时，尽量将家具放在室内四周，为儿童留出活动跳跃的空间，减少碰撞空间。

6. 进行安全教育

以上环境的创设都是为了使儿童有一个良好的家庭环境生活，使儿童生活得愉快、美好，有助于他们的健康成长、顺利生活。但是，在儿童成长的过程中难免会遇到这样那样的困难和危险。因此，教会他们独立地面对困难和处理问题的能力也是十分重要的。这种挫折教育会使儿童受到锻炼，使他们变得结实、坚强，增强儿童对挫折的心理承受能力。但是有些父母宁肯自己吃苦也绝不让自己的孩子受挫，孩子在温室一样的环境中成长，一旦受到挫折和风雨，孩子没有任何承受能力，不知所措、无法应付。因此，在为儿童创设安全环境的同时，家长也要有意识地锻炼孩子经受一定的困难和危险的能力。这种心态的变化对子女的成长是十分有利的。对儿童来说，过于娇生惯养、过度保护的生活是无力成才、无力奋斗、无力迎接风雨的。

总之，只要每位父母都能做一个有"心"人，在日常的生活中，多注意育儿的细节，相信你一定会收到一份丰厚的礼物！

（五）幼儿园与家庭的有机结合

《幼儿园教育指导纲要》明确指出：幼儿园应与家庭、社会密切合作……综合利用各种教育资源，共同为幼儿的发展创造良好的条件。也就是说，幼儿园应主动与幼儿家庭配合，帮助家长创设良好的家庭教育环境，即物质环境和心理环境，而心理环境直接取决于家长的教育理念，家长的教育理念又深刻影响着家庭教育的质量。

家庭教育与儿童的认识发展、社会性发展、心理健康等方面有着密切的关系。家庭成员，尤其父母教育的观念和教育方式会对孩子的成长与发展产生深刻的影响。这就是说，父母对子女的抚养、教育所特有的思想认识、观点、看法，以及他们在子女抚养教育过程中所表现出的那种相对稳定的行为直接关系孩子的成长。

幼儿教育是一个系统工程，须把对幼儿教育环境有影响的各方面组成一个相互配合的整体，创建起一个良好的育人平台，这就需要广大家长懂得心理学、教育学和卫生保健等科学育儿知识，使家长在教育观念、原则、方法诸方面与幼儿教师取得一致认识，形成教育合力,有效地促进孩子身心素质的全面发展。因此,家长是幼儿园教育幼儿的合作伙伴,是幼儿园服务的对象之一。在大教育观念的指引下,转变家长教育观念,形成教育合力,是幼儿园教育工作的当务之急。

1. 办好家长学校,提高家长素质

幼儿园可通过向家长讲授教育学、心理学、卫生保健和家庭教育知识,宣传国家的教育方针,介绍园区保教要实现的幼儿发展目标,促使家长充分重视家庭教育,转变家长教育观念,掌握科学的育儿方式,提高家庭教育质量。

2. 开展亲职教育,在实践中领悟幼儿的需求

对此,可采取以下一些做法:①开展家教论坛活动;②组织家长开展现场示范指导活动,通过情境创设,教师示范,平等讨论,让家长在"做中学",通过作为指导者的教师和作为学习者的家长之间的互动,促使家长理解如何在活动中体现科学的教育理念和原则;③组建家庭"互助组",根据居住地相近和自愿的原则,划片组建;④开展父母与孩子"同乐"活动,让家长充分感知孩子的需求,加深对正确的教育观和科学育儿方法的理解。

3. 密切家园联系,了解幼儿教育

密切家园联系,让家长充分了解幼儿园的教育,是促进家长教育观念转变所采取的又一重要举措。①让家长代表参与园部管理。选举那些重视子女教育,热心公益工作,有责任心,并有一定组织能力和文化水平的家长,组建家长委员会。②组织教师教育活动开放日。一学期安排一次,邀请家长来园观摩幼儿园一日教育活动,让家长了解幼儿的学习特点,教师是怎样针对这种特点进行教育的,这样教育体现了怎样的教育思想。家长通过参与教学,体验科学的教育理念和方式在教育中的积极作用,可从中受到影响,并修正自己的家庭教育方式。

4. 隐性教育与显性教育的有机结合

教师应善于指导家长提高孩子对客观环境中隐性教育的感知能力。隐性教育是指在幼儿生活环境中,孩子没有明确意识到,在不知不觉中,通过各种感官感受到的各种社会化的影响。任何教育在教育者没有感知的情况下,都不能产生教育意义,只有当孩子对这一教育有所感知时,才能进入他的心扉。

家长教育观念的转变是一个长期的渐进的过程。转变家长教育观念,是幼儿园一项长期的工作任务。教育观念随着社会进步和教改的深入,本身也在不断地演进之中。不同家长由于其文化程度、职业特点和对孩子教育的重视程度、个人社会经历等因素的影响,其接受新教育理念、转变教育观念的进程也是千差万别的,这就决定了这项工作不能寄希望

于短期的努力就能彻底完成，对家长教育观念的干预应全程实施、长期坚持。

总之，"环境"的概念并不局限于儿童所接触的那些静止、呆板的物质世界，而应认识到凡是可以给孩子刺激的都是他的环境：一切物质是他的环境，人也是他的环境。而且人的环境比起物的环境还要重要。家长应根据孩子好动、好模仿的心理，创设游戏的环境，根据孩子的喜好，创设艺术的环境。

三、创设良好的幼儿园环境，促进幼儿的全面发展

幼儿园教育阶段是培养幼儿学习习惯和学习能力的重要时期，而学习环境对幼儿习惯和能力的培养又起到至关重要的作用，对学前阶段的幼儿的发展具有特殊的意义。学校中教学环境的适宜程度、室内的温馨和谐程度都影响着幼儿性格的形成。理想的教学环境能够确保幼儿形成活泼的性格，具有理性化的行为举止，并且善于与他人交流。也就是说，幼儿园环境是幼儿学习和生存的必要条件。作为幼儿园教育专业的教师，我们应该重视教学环境的创设，竭尽所能地为幼儿创设比较理想的、适宜的学习环境。

（一）幼儿园环境的创设

1. 注重教学环境的多元化，创设温馨和谐的幼儿园环境

教学环境应该丰富多彩，能够满足不同幼儿的需求和审美。而且学校也是一个大的家庭，家庭给人的感觉就应该是温馨、和谐、幸福的，因此学校环境的创设也应该更加多元化、更加温馨，让幼儿有家的踏实感，从而更加安心地学习。

（1）走廊环境创设的原则

走廊是幼儿每天必须经过的地方，走廊上的设施和环境也更加容易吸引幼儿的注意力。在教学环境的创设中我们一定要重视这小小走廊的设计，让它发挥最大的教学作用。那么在走廊环境设计时，我们应该坚持什么样的原则呢？

首先，要简单明了，具有强烈的立体感。走廊中的一切内容都在随时随地地引导着幼儿，培养幼儿的各种素质和能力。走廊墙面上的一幅画、地面上地板的花纹、教师布置的主题或便于家长和教师共同学习的板块，每分每秒都会激发幼儿的想象能力和创造能力，潜移默化地教育和培养幼儿。我们要将其设计得更加富有教育意义、更加具有立体感，以便取得良好的教育效果。例如，在走廊的墙壁上，我们可以用一些"教学的小贴士""教学在线"等小模块，让家长及时地了解教师的教学思想、教学方法和相应的教学活动，便于家长在课下能够更好地辅助教师教学，让幼儿快速、牢固地掌握知识。而且我们要充分利用学校中一些必不可少的设施和工具，将它们进行装饰和美化，让它们更好地服务于我们的教学。如在北方，走廊中的暖气管道，我们可以将它看作宝贵的可以利用的有效资

源。在竖直的暖气管道上装饰上步步高升的竹子，在横向的暖气管道上攀上五颜六色的牵牛花，以此来提示幼儿，我们要像竹子那样每天都有所进步，一步一步扎实地前进，而且我们的学习生活也要像牵牛花一样丰富多彩、朝气十足。还有那些必要的提示语，要设计得富有特点，给幼儿留下深刻的影响，让幼儿清晰地记住自己应该具有的正确的、礼貌的、规范的言行举止。

其次，走廊设计要融入幼儿的创意。走廊环境的设计不应该简单地停留在教师的设计上，学习环境需要教师和幼儿共同营造和设计。因此我们在设计走廊时，应该让幼儿也参与其中，融入他们的思想和创意，在走廊中能够展现幼儿自己的杰作。这样在日常的打理中幼儿也会倍加珍惜和爱护。而且走廊中知识的体现还要做到周到全面、分配均匀。在每个设计板块中都要有教师和幼儿共同参与设计的环节。这样才能够让幼儿体验到主人翁的感觉，才能够让幼儿在学习时感觉到家的温暖，才能够把环境设计落到实处，更好地发挥幼儿的自主性和创造性，使他们积极主动地美化自己的学习、生活环境。

最后，环境设计要定时更换，根据具体的时期设计合理的环境。环境设计不要一成不变，如果幼儿总是处于相同的背景环境中，就会失去新鲜感，因此在环境布置中，要在每一个学习阶段更换一次教育的主题，也就是要更换一些环境背景。所谓的更换环境，不是将所有的装饰从头到尾全部都换掉，大的部分我们是不能够轻易换掉的，要从小的装饰和布局来增添幼儿的新鲜感。如可以更换一些美术作品，或更换一些小的陈列品，对学习环境进行合理的布局，从而保持幼儿的新鲜感。

（2）室内教学环境设计要与文化活动内容一致

教室是幼儿学习的重要场所，是陪伴幼儿成长的重要地方，在教学过程中我们要特别重视教室内部的育人环境的营造。我们要对每一个教学班级提出不同的装饰要求，让每个教室都能够以最鲜明的特色和情调来陶冶幼儿的情操。例如，我们可以组织幼儿一起来装饰我们的教室。根据平日里学习的知识，利用生活中的材料制作一些能够装饰室内环境的物品。在我们这个呼吁低碳生活的时代，教师可以教幼儿学会保护环境，在制作的过程中利用废物进行改造，运用自己的智慧和勤劳的双手制作出比较出色的作品，展现自己独特的才华。这样不但美化了我们的室内环境，给幼儿提供了更加适宜的学习条件，还能够调动幼儿的积极性，使其乐于参与其中，开发自己的创造潜力，并且还能培养幼儿热爱大自然的美好情怀。

（3）户外环境要能够体现教学的特点，更好地辅助教学

至于户外环境就丰富多彩、各式各样了。但是在选择其类型和装饰资料时一定要本着最能够体现教学特点的原则，把那些物美价廉，又最能够辅助我们教学的放在首要的位置，让每一分钱都花得值。我们可以用一些零散的木头制成些弯弯曲曲的小桥，或是建造

一些小的吊桥，锻炼幼儿的胆识以及协调平衡能力；或是用一些用过的易拉罐剪制成花朵、动物等事物来装饰我们校园的边边角角，形成具有特色的教学环境。

2. 区域活动要特色鲜明，体现幼儿学习的主体作用

活动区域是教师有目的、有计划地为幼儿设计的，能够充分发挥幼儿创造性和自主性的活动角落，能够最有效地帮助幼儿学习。而区域性活动也是幼儿园教育实施个性化教学的主要体现，更是体现幼儿是学习主人的重要教学策略，是幼儿自身全面发展的迫切需要。幼儿园教育阶段我们要真正落实好区域教学活动的设置。区域活动灵活多样，各班级的教师要根据自己班级幼儿的特点开展一些相应的活动，凸显自己班级的鲜明特点。如我们可以设置竞赛活动区域，让幼儿在这个区域内进行知识和胆识的较量；或设计益智区域，用一些有趣的题目或物件来开发幼儿的智力。我们要安排好幼儿在区域内的活动时间和内容，避免出现一些不必要的麻烦，用最和谐的方式来激发幼儿参与区域活动的兴趣，争取能够从不同的角度和层面促进幼儿的全面发展。区域环境设定之后，教师要认真把握每次进行区域活动的内容，不但要充分发挥区域环境的教学设计，还要让幼儿在活动中得到真正的锻炼，提高自己的综合素质和能力，得到更加贴心的亲情式的教育。

（二）幼儿园学习环境的创设

幼儿园环境，是指幼教工作者有目的、有计划地创设的幼儿园内部环境；学习环境，是指供学习者学习的外部条件。《幼儿园教师专业标准（试行）》中提到，要创设有助于促进幼儿成长、学习、游戏的教育环境，要合理利用资源，为幼儿提供和制作合适的玩教具和学习材料，引发和支持幼儿的主动活动。以上说明，环境并不是一个简单的空间，而是一个重要的教育要素，对儿童学习和发展具有重要意义；也就意味着，幼儿园环境应当是适宜幼儿发展的环境，即在环境的创设和利用中要突出幼儿作为学习主体的积极性、主动性和对环境的操作、探索、控制作用，幼儿才能通过与环境的互动进行自我建构和实现自主发展。

幼儿学习的性质由环境决定，孩子需要一个可以让他们选择的环境来培养和表现主体的独立性和主动性，而这个可选择的环境有一定的界限，通常情况下由教师所提供。教师可选择孩子喜欢的内容，也可以从孩子的问题和矛盾冲突中确定孩子的学习内容；教师可选择各种不同的材料，让孩子通过接触具体事物和感性形象来感受信息，积累经验。选择的原则是尽量让学习材料传递更多的信息，蕴含更多的学习价值。

探索周围环境是幼儿学习的重要途径之一。对于吸引人的环境，孩子们自然就会被吸引去进行摸索，不论这个环境是家庭、公共场所还是幼儿园。为幼儿创造一个安全的、好

玩的、受欢迎的学习环境，要经过认真考虑和规划。幼儿玩乐的场所，日常的活动区域以及将家庭文化融入环境的方式等，都是要进行规划的内容。

1. 创建肯定的环境

肯定的环境，意味着幼儿能够接触到的任何事物都是安全的，并且适合他们使用。要保证这一点，幼儿园里需要有成年人持续做安全检查。在确保环境安全之后，教师就可以退到一边留出空间让孩子们自由探索。

2. 根据孩子的特点布置环境

孩子们经常为玩具发生争执，由于自我中心是这一时期幼儿的突出特点，对他们说"不"或者让他们分享是很困难的。在某些活动和场合里，幼儿能够进行分享、合作，但仍需教师进行较多的指导。因此，阻止冲突的一个方法，是建立一个能满足幼儿需求的、足够丰富的环境。在这样的环境里，他们玩乐的方式才能够让自己满意，也能够让老师满意。

3. 投放开放式材料

有时候其实不必花太多钱，就能找到孩子喜欢的东西。例如，孩子手中的勺子。勺子很轻，孩子能够握住它；他尝了尝发现不好吃；他长时间抓着勺子发现了各种可能的玩勺子的方式，包括触碰、品尝和制造噪声。对孩子来说，这些体验都充满了发展各种感官的机会。当我们为孩子们提供玩乐材料时，最好的玩具是那些能带给他们不同体验的材料。能以各种不同方式使用的玩具被称为开放式材料，如积木。积木可以用来建造塔、房屋、动物园、床以及孩子可以想象出的任何东西，积木还可以成为凳子、道路和斜坡。孩子们往往有着令成人惊异的玩法，在类似的活动中，孩子的想象力、操作能力、协调能力、沟通能力都能够得到发展，这是电动玩具望尘莫及的。教室里可以考虑的开放式材料有积木，毛绒，泡沫塑料，硬纸板，装酸奶、咖啡等的干净空容器，饼干盒，纸箱，量杯，洗衣液瓶子的盖子……如果条件允许，可以给孩子们创设一个工作区，提供沙子、木屑、肥皂水、石块、土、树叶、纸屑、纸条等，那里很快就会变成孩子的天堂。

4. 走进自然环境

孩子们非常渴望体验真实的世界。有没有见过一个孩子迷恋一片树叶？有没有注意到孩子在看到小虫的时候会有多么不同的反应？体验过青草、小虫、树木、岩石和山间的孩子将更可能关心自然环境，具有更多的爱心。

很多幼儿园的场地有限，但即使很小的空间也可以创建花盆式花园。为孩子寻找生长容易的植物，撒下种子，当长出草叶的时候，鼓励孩子们观察、记录。如果幼儿园有适当的户外活动区域，在户外活动时可以让孩子带上一些室内的玩具。要知道，在沙坑里玩积木跟在教室里玩不一样，有完全不同的吸引力。水泥地上画的粉笔画可以拍下来，这样即使被雨水冲走也不会被忘记。室内的几乎所有活动都能以某种形式在户外开展，当教师足够开放的时候，孩子们就能在新的空间进行自由的尝试。总之，环境在幼儿生活中起着非常重要的作用。幼儿玩乐的场所，日常的活动区域等都是须要进行规划的内容。此外，还应该考虑空间的灵活性，保证随着时间的推移可以适应孩子们年龄、兴趣以及特征的变化。我们可从孩子的游戏和活动中，确定孩子的需要，尽量让学习材料传递更多的信息，蕴含更多的学习价值。

（三）幼儿园生活环境的创设

生活活动贯穿于幼儿园的一日生活中。对于幼儿来说，生活活动显得尤其重要，好的习惯的形成不是一朝一夕的事，要一点一滴慢慢积累，逐渐形成。对年龄小的孩子来说，说教只能起到瞬间的作用，而达不到长久的目的。于是，老师要尽量运用有限的环境来暗示孩子的行为，让孩子们养成良好的生活习惯。

1. "图示"生活环境的创设

"图示"生活环境是指运用简单的、孩子容易接受的图案，提示孩子怎么做。在孩子刚进幼儿园时，示范演示和图示相结合的方法用得比较多，如画一只碗、一把调羹、毛巾、漱口杯，贴在摆放餐具的桌子旁，饭后环节一目了然，并利用餐前谈话，和孩子们一起说说"图示"的内容，幼儿理解了，实际操作就容易多了；又如在盥洗室中贴上了"洗手"和"小便"的图示，贴上配套的儿歌，进入盥洗室后，很多孩子边看图示边念儿歌，边小便或洗手，在不知不觉中，就掌握了洗手和小便的方法。

2. "可操作"生活环境的创设

年龄小的孩子，好奇、好动、好模仿，他们喜欢摆弄东西。为了满足孩子们的欲望，我们在创设生活环境时，须尽量提供可活动的材料，让孩子们在动动玩玩说说中慢慢掌握生活方面的基本技能。如新生来园时，可以在门口创设一张大大的笑脸，贴上每个孩子的照片，孩子每天来园，将自己的情绪用笑脸或者哭脸来表示，并且可以让孩子随时更换，在老师了解每个孩子的情绪的同时，孩子们也能慢慢学会控制自己的情绪。又如每个班级都有饮水机，平时我们总是提醒孩子自己喝水，为了让孩子们养成自己喝水的习惯，也让老师了解孩子的喝水情况，可以创设"你喝水了吗"生活环境，为每个孩子准备了一个贴有孩子照片的纸盒，漂亮的各种颜色的吸管，只要孩子喝过水，就在自己的纸盒中放一根吸管，以吸管的总数来了解孩子喝水的情况，这一环境若能引起孩子很大的兴趣，自觉喝水的孩子就增加了。对小孩子来说，可以操作的环境更能引起孩子的兴趣，让孩子在操作过程中慢慢养成习惯。

3. "警示"生活环境的创设

保护自己的能力是一个从被动到主动的发展过程。3~4 岁的孩子活动能力增强，而自控能力较差，做事具有冲动性，加上对行为的后果缺乏预测能力，缺少避开危险和有害事物的经验，在活动中容易发生事故，受到伤害。在日常生活中，老师可以寻找幼儿园的危险的地方，自己制作安全标志，并让孩子们认识这些安全标志（小心台阶、排队玩、上下楼梯靠右走等），一起讨论贴在哪儿，接着让孩子们一起来找找教室和盥洗室等地方的危险因素，让幼儿设定标志，贴在危险的地方，如台阶处、柜子的各个角、门边的"小心你的手"等。从老师寻找制作标志到孩子们自己寻找制作标志，孩子们的自我保护意识就在慢慢地增强。

总之，在幼儿园教育阶段我们要重视教学环境的创设，尽自己最大的努力为幼儿创造出最适宜的学习环境，争取做到多渠道、多角度地创设教学环境，确保幼儿每天都能够舒适、安静、愉悦地学习，以此促进幼儿身心素质的全面发展和综合能力的显著提高。

第二节 奠定幼儿教育课程基础

一、幼儿心理健康教育

心理健康教育是现代教育的主题，也是幼儿教育的主题。3~6 岁的学前儿童还处在心理成长发展的关键时期，他们具有巨大的发展潜力与可塑性，由于他们在心理上极不成熟，自我调节、控制水平较低，自我意识还处在萌芽状态，极易因环境等不良因素的影响形成不健康的心理。学前儿童的心理健康与否，将会对他们的认识、情感、个性、道德的发展和社会适应等产生极其深刻的，有时甚至是难以逆转的影响。幼儿园教育是国民素质教育的奠基阶段，它不仅是为小学阶段学习、生活做好准备，更重要的是为他们一生的发展、成才打好健康心理和人格素质的基础。正是在这一意义上，联合国教科文组织和国际心理学会，为了保护儿童的心理健康提出了《儿童权利公约》《儿童心理权益宣言》等文件，把维护儿童的心理健康放到了极其重要的地位。随着现代社会的发展变革，未来社会对人的素质提出了更高的要求，要求每一个人具有面对现实、不怕困难、开拓进取的精神，具有关心他人、家庭、社会、自然的意识和责任感，具有合作、交流的能力和创新精神，具有自主、自信、自强的人格品质，不仅要有良好的智能素质，更要具有一种健康的心理。

（一）幼儿心理健康教育的主要途径

1. 尊重幼儿心理权益，把心理教育落实到教育行为上

在幼儿园教学中，教师要努力用亲切的微笑驱散孩子的自卑，用信任的目光消除孩子的胆怯，用慈爱的抚摸鼓励孩子的进步，用赞赏的话语肯定孩子的成功，用"你真棒！""老师相信你能行！""别害怕，你一定会成功！"等话语句句注入孩子们的心田，唤起他们的活泼、开朗和自信。

2. 在校内外环境中渗透教育

幼儿心理健康教育的一体化是指幼儿园、家庭和社区共同关注，形成合力，开展幼儿心理健康教育。幼儿园是生态环境中学前教育子系统的支柱，对学龄前儿童的教育起着导向作用。幼儿园应该主动与社区沟通，优化社区的教育环境，使幼儿从自然的、社会的、规范的环境中，心理得到健康发展。家庭是幼儿赖以生存和发展的社会组织，家庭环境的教育功能会影响儿童的健康发展。

（1）学校环境

其中包括创设有利于幼儿健康心理养成的物质环境，如为幼儿创造温馨的生活空间，小班幼儿的桌椅可以是粉红的，中班幼儿的桌椅是柠檬黄的，大班幼儿的桌椅是湖蓝的；在幼儿园大环境中创设富有童趣的玩沙、玩水的小世界；而营造一种良好心理素质培养的心理氛围更不容忽视，如和谐温馨的师生关系、友好合作的伙伴关系、团结互助的教师之间的关系，使幼儿在这种良好的心理氛围中产生"心理安全"和"心理自由"，促使其健康心理的养成。

（2）家庭环境

温馨的家庭环境是幼儿形成良好心理品质的摇篮。要把端正家长教育观念，改进家长教育方式，促进家长自身素质提高、完善这一工作放在家长工作的首位。如定期开展相关内容的家长讲座，每月出好一份相关内容的家园小报，利用家长园地、家长观摩活动、家教经验交流等途径加以宣传，使许多家庭能主动配合学校做好自己小家庭中的物质、心理方面的准备，为幼儿养成健康心理打下扎实的基础。

（3）社区环境

走向社会，争取社区的支持也是培养幼儿健康心理的不可忽视的重要手段之一。要抓住每一契机，如学雷锋做好事，树立助人为乐，"我为人人，人人为我"的思想，使幼儿能合作、乐群、创新，养成健康的心理品质。

3. 幼儿一日生活中的心理健康教育

（1）游戏活动中的心理健康教育

游戏是幼儿的生命，一日生活中游戏是贯穿于始终的活动。除了游戏本身的教育作用外，心理健康教育融合于游戏中，就能发挥增效作用。游戏是养成合群性、培养独立性的极好手段。在角色游戏，幼儿通过对游戏主题的确立、角色的选择、情节的发展等活动中，学会如何与同伴友好相处，对自我意识的良好发展、合群情感的发展、社会化和个性化的协调发展，无疑是有意义的。不是所有的游戏对心理健康教育都是行之有效的，有意义的。幼儿心理健康教育游戏应该具有目标性和针对性，归纳为三个原则：游戏的功能性原则、儿童需要原则、针对性原则。依据三大原则灵活采用一些有心理健康教育内容的体育游戏、民间游戏、角色游戏等。通过游戏，让儿童体验合群的愉悦，增强合群意识，提高合作的能力，以游戏的开展使幼儿获得一片更广阔的天地。

（2）教学活动中的心理健康教育

心理健康教育是把教学活动内在的、潜在的因素挖掘出来，根据幼儿的心理特点、发展的需要，更好地发挥教学活动中的心理健康教学活动的教育作用，而不是就事论事，"阳春面浇头"外在式的；也不是对原有材料中内含的心理因素视而不见，不考虑儿童的心理反应，一味地灌输渗透或是把各类教学活动互相割裂开来。可采用绘画、舞蹈、故事、儿歌等对幼儿进行教育培养，在实践过程中，能根据课题内容、阶段目标有目的地选择课程内容，创立园本课程，其中包括一些大型活动的内容。

（3）日常生活中的心理健康教育

大量的日常生活是儿童人际交往相对频繁和心理品质自然显露的时刻。生活需要合群，合群性可以在生活中培养。可以利用幼儿的生活活动进行随机教育，设立生活角，开展编织、绣花、种花等活动，使儿童在合作中锻炼能力，感受一种群体感。

（4）体育活动和感觉统合训练促进合群性发展

体育活动能促进幼儿大脑的发育，更是促进合群行为发展的有效方法。尤其是感统训练能使团队精神、合作能力、人际沟通能力等良好的心理品质和道德品质同步提高、相互促进。

（二）幼儿心理健康教育个别化

幼儿心理健康教育必须根据儿童在幼儿阶段的生理和心理上的个体差异，有针对性地进行。重视幼儿群体心理健康的同时，必须十分关注个体儿童的心理健康，实施个别教育。

1. 开展个别辅导

儿童合群性发展水平存在差异，每一个儿童都是独一无二的。重视对幼儿的个别辅导，是取得心理健康教育实效的重要原因。可以组织案例讨论，学习幼儿心理卫生的理论知识，提高实际操作能力，从大量的案例中积累经验，揭示幼儿心理健康教育工作中的规律性。

2. 开展问题儿童的心理治疗

在幼儿中存在着一些问题儿童，心理矫治也是面向全体幼儿不可缺少的一项工作。在同一时空，每一个幼儿都会发生不同程度的心理问题，就如每个幼儿都会生病一样。在发展的某些阶段，儿童出现一种或少数几种偏异行为的现象是十分普遍的，并不是只有发展性和预防性的心理卫生工作是面向全体幼儿的。对这部分幼儿的异常心理，不给予关注和帮助，忽视了整体中的部分，实际上就是没有面向全体幼儿。每一个幼儿都有可能需要心理矫治服务，因此正确认识矫治的全体性，有利于提高对幼儿心理卫生重要性的认识和幼儿心理卫生工作的水平。对胆怯倾向型的儿童可以运用行为塑造法，取得良好效果，对孤独型、被动倾向型的儿童可以运用认知行为疗法、暗示法等。

总之，幼儿心理健康关系到儿童一生的健康发展，是幼儿期不可忽视的问题，所以对幼儿心理健康的教育是家庭、幼儿园、社会共同的任务，共同的职责。

二、幼儿德育教育

作为幼儿园老师应重视幼儿期对孩子进行的品德教育，完善其人格魅力，使其成为已个品德高尚、对社会有用的人。只要把自爱之心扩大到爱别人，我们就可以把自爱变成美德！

（一）纠正错误方法，树正确观念

现今独生子女普遍，家长应正确对待孩子的行为，纠正错误的教养方式，树立正确的观念，不能抱有"他打你一拳，你也还他一拳"的错误心理。幼儿的成长离不开家庭，家庭对幼儿个体的身心发展的影响是通过家长的教养行为来实现的。因为父母在家庭生活中的表现一般是最坦率而无掩饰的。幼儿模仿性强，辨别力差，家长一些不良的、错误的言行对幼儿的发展有很大的消极影响。如，家庭中父母"过度关心、过度替代、过度教育、过度要求"等错误的教育方式，结果使一部分幼儿成为依赖性强，缺乏最起码的生活自理能力，缺乏道德约束力，以自我为中心，自私、胆怯、粗暴。因此家长必须在孩子面前以身作则，树立榜样，使他健康成长，避免出现心理畸形。

（二）家园联动，经验共享

由于幼儿园、家庭密切联系，使原来的家庭配合幼儿园教育变成为家园同步教育、共同教育。这不但对幼儿的德育发展水平有明显的提高，而且对改变家长的教育方式也有积极的影响作用。孩子与家长在共同的生活中，互相学习；家长与教师在互相沟通中，同步教育孩子。但对于家长来说，他们毕竟不是专业的教育者，有针对性地对孩子进行品德教育有着一定的难度，因此，通过家长会、家园联系窗、组织相关的专题讲座，向家长宣传幼儿早期德育的重要性，是行之有效的方法。

（三）创设宽松、和谐的精神物质环境，陶冶幼儿的道德情操

首先，每天幼儿入园时，园长、一名教师和保健老师都站在大门口迎接幼儿，互相问好，遇到有幼儿生病时，亲切询问耐心指导。教师之间互助友爱，同事之间谁家有困难互相帮助。班上有哪个孩子生病了，教师打电话问候安慰，条件许可时让幼儿也说一句安慰的话；有公益活动，教师带头给灾区捐钱捐物，积极参加助残活动；让大班的孩子帮助小班的孩子学穿衣服，扶着小班的孩子爬楼梯；让小班的孩子把自己喜爱的玩具送给大班的孩子玩；让快上一年级的孩子把图书送给小班的孩子看。通过营造愉快和谐的校园氛围，给孩子爱的熏陶，养成好的德育行为。再次，在图书角里多放一些经典童话故事，让幼儿明白谦让、勇敢团结等道理。在区域角里，可以种些花草，饲养一些小动物，让孩子定时给花草施肥、浇水、拔杂草，学着喂养小动物，如给小兔子喂青草，给小鱼喂小虫子等，关心小动物，让抽象的道德情感变得具体生动，培养孩子爱护自然、关爱生命、勤劳勇敢、善良等的良好品质。

（四）设立校外德育基地，开展社会实践活动

如带领学生参观民兵营，让他们在跟军人交流中理解德育道理。去看望孤老院开展帮助老人活动，通过帮助老人、与老人交流让他们早点体会作为一名少先队员最起码要做些什么。还可以组织学生广泛开展"社区假日小队""扶助残疾儿童""参观污水处理厂"等活动，使学生在各种活动中受到良好的教育，切身感受到自己必须做什么。

（五）加强家庭德育教育，家庭学校相结合

通过召开家长会、家长代表座谈会，建立家庭教育联系卡等家校"双边"活动，拉近家校距离，密切家校关系，形成德育合力。以家长学校为依托，提高家长综合素质。

三、幼儿智育教育

（一）幼儿智育的概念

智育是指有目的、有计划地使受教育者掌握系统的科学基础知识和基本技能，促进受教育者智力发展的教育过程。

智力是人认识事物的能力，它包括观察力、注意力、记忆力、思维力、想象力和创造力等要素，其中思维力是智力的核心。知识与智力是不同的概念，获得了知识不等于就发展了智力，但智力的发展离不开知识。

幼儿智育是有目的、有计划地让幼儿获得粗浅的知识技能，发展智力，增进对周围事物的求知兴趣、学习"如何学习"，并养成良好学习习惯的教育过程。幼儿智育应当根据幼儿发展的特点来进行。婴幼儿时期是智力急剧发展的关键时期，具有极大的发展潜力，其智力活动往往带有明显的行动性、直观形象性，这些特点贯穿于幼儿智力活动的各个方面。

（二）幼儿智育的内容

1. 保护和促进幼儿的学习兴趣，培养幼儿的学习主动性和良好的学习习惯

现代社会对人类提出了终身学习的要求，而学习的兴趣、主动性和良好的学习习惯是终身学习的基础，因此，在幼儿期打好这个基础意义重大。

首先，要保护和促进幼儿的学习兴趣。幼儿很早就对周围事物发生浓厚的兴趣和强烈的求知欲望，这表现在他们好问、好动、好模仿，喜欢听成人讲故事等方面。幼儿的求知欲与兴趣紧密相连，对一种事物的兴趣越大，求知欲也越强。但幼儿的直接兴趣占优势，这种兴趣是随意的、不稳定的，易受环境的影响而改变。保护和促进幼儿的学习兴趣和求知欲就需要了解幼儿的认知特点和水平，使他们能按自己的兴趣和需求来学习，并在这种学习中获得成功的体验、感到学习的乐趣，进而不断地产生学习和探究的兴趣，使他们逐渐从直接的、无意识的兴趣向有意识的、间接的兴趣发展，提高兴趣的稳定性。切忌以小学生上课的方式，向幼儿灌输许多过难、过深的书面知识，这种方式只会扼杀幼儿的学习兴趣，使幼儿对学习产生厌倦和畏难的情绪。

其次，要培养幼儿学习的主动性。学习的主动性与幼儿的学习兴趣紧密相连，如果学习是幼儿感兴趣的，他们就会有主动性，所以教师要组织幼儿从事他们感兴趣的活动，在学习的方式上要使幼儿是主动的，而不是被动的，也就是说教师要创造适宜的学习环境与条件，引导和鼓励幼儿去主动地探索和学习，而不是教师制定好学习的内容和方法，指挥幼儿去完成。前一种方法使幼儿可以充满兴趣地主动学习，学习成果各不相同，可使幼儿

在各自的水平上得到发展。而后一种方法则使幼儿处于被动的状态，学习成果趋于一致，大家学会了某种知识或技能，如会唱一首儿歌、会做一道数学题等。这并不是说集体学某一种知识技能完全不可取，但若以这样的教育方式为主，可能会极大地损害幼儿学习的主动性，或说使之无法发展起来。

最后，要培养幼儿良好的学习习惯。良好的学习习惯是幼儿获得知识、发展智力以及今后继续学习的重要条件，它包括幼儿学习时注意力集中、积极克服困难、认真完成学习任务等。学习习惯的培养必须从幼儿期开始。

2. 培养幼儿的感知能力和动手操作能力

幼儿正处于感知能力迅速发展和不断完善的时期，运用视觉、听觉、触觉等感觉器官来感知外部世界是幼儿的一个重要认知特点。因此感知能力的培养是幼儿园智育的基础和重要内容，也是幼儿园智育区别于小学的一个重要特征。教师可以采用一些专门的感觉训练的方法与组织多种多样的实际的感知与体验活动来促进幼儿感知能力的发展。

动手操作与发展感知能力紧密相连，又与人的智力发展有着密切的关系。动手操作使幼儿不只是被动地接受外界事物的感觉刺激，简单地感受各种事物的物理特征诸如冷热、粗细、软硬等，更能使幼儿通过摆弄、分类、比较、排列、堆叠等动作促进幼儿大脑的发育和思维能力的建构。幼儿在操作活动中可以获得多种感知经验和知识，同时获得许多动作经验，这种经验随着幼儿年龄的增长和经验的不断丰富会内化为幼儿头脑中的思维能力。因此，为幼儿提供各种动手操作的机会，不仅给幼儿提供了一个比较合适的学习方式，满足了他们的动手兴趣，也促进了幼儿智力的发展。

3. 引导幼儿学习周围生活中初步的知识和概念

幼儿认识事物始于直接感知。引导幼儿获得的知识必须是有关于他们周围生活中常见的事物和现象的粗浅的、具体的知识，而且必须有科学性和教育性。这些知识包括以下方面。

（1）有关社会生活的常识

如认识自己和别人，知道自己的名字、年龄、性别等，知道自己和别人的关系；了解衣、食、住、行等方面的知识；认识周围环境和成人的劳动；知道国家的名称，认识国旗、国徽，知道重要节日，知道我国是个多民族的国家；等等。

（2）有关自然界的常识

如了解天气和季节的变化；认识常见的动物、植物；了解安全卫生常识；认识交通工具及常用的交通规则；认识水的三态变化、物体的沉浮以及声、光、磁性等物理现象。

（3）有关数的初步知识

如认识和比较物体的大小、多少、长短、高低、宽窄、轻重等；认识几何形体、时间、空间；认识 10 以内的数等。

4. 发展幼儿的语言运用能力

语言是交际的工具，也是思维的工具。幼儿期是口头语言发展的重要时期，发展幼儿的语言运用能力包括三个方面：一是指发展幼儿运用口头语言进行交往的能力，应该创造一个自由、宽松的语言交往环境，支持、鼓励、吸引幼儿与教师、同伴或其他人交谈，体验语言交流的乐趣，学习正确的发音，使用适当的、礼貌的语言进行交往；二是发展语言理解能力，引导幼儿学习注意倾听别人说话，正确理解别人说话的意思，养成良好的交谈习惯；三是发展语言表达能力和思维能力，教师要鼓励幼儿大胆、清楚地表达自己的想法和感受，尝试说明、描述简单的事物或过程。另外还可有目的、有计划地发展幼儿的前阅读和前书写能力，以进一步促进幼儿智能的发展。

（三）幼儿智育的途径

1. 组织多种形式的教育活动，发展幼儿智力

幼儿园的教育活动是发展幼儿智力的有效途径。

幼儿是在活动中成长与发展起来的，幼儿智力的发展更是如此。幼儿亲自动手、动脑的实践活动是进行智育的主要途径。如幼儿的游戏、实物操作活动等，是幼儿认识能力，特别是思维能力产生和发展的基础与源泉，也是幼儿不断获得关于周围世界知识的桥梁。因此，教师应解放幼儿的双手，根据幼儿不同的年龄特点，引导他们从事不同水平的游戏和操作活动，让他们在解决问题的实际操作活动中发展思维能力，获得丰富的感性经验和直接知识，促进智力发展。

作业课的教授方式虽然能给幼儿不少知识，但是由于幼儿对言语的理解有限，又是间接知识，所以较难为幼儿真正掌握。因此上课应当与幼儿动手操作的活动相结合，尽量游戏化，防止教师满堂灌，以提高效益。幼儿园不宜以上课作为智育的主要手段。

需要注意的是，日常生活活动也是对幼儿实施智育的重要途径。智育应当渗透在一日生活之中，应当引导幼儿去解决生活中的问题，增进幼儿对周围环境的认识等。如教师可以利用幼儿就餐时的摆碗筷来发展幼儿的数的概念和计数能力，或通过食物让幼儿学习有关蔬菜、水果的知识，了解季节变化和农作物的关系等。

2. 创设宽松、自由的环境，让幼儿自主活动

幼儿智力的发展与环境关系密切。只有在一个宽松、自由的环境里，幼儿才能够自由思考、自由活动、自由表达自己的意见和要求，自由地想象和创造，才能自己选择、自己探索，智力才能得到发展。在一个压抑的环境里，幼儿只是被动地接受知识、被动地活动，他们将失去学习的兴趣和欲望，丧失自信心，懒于思考，变得唯唯诺诺，不可能发展自己的能力。因此，教师应当为幼儿提供良好的环境，重视建立与幼儿的良好关系，鼓励幼儿主动地与环境相互作用，允许幼儿犯错误，尊重幼儿的想法，尊重他们的经验和创造，让幼儿有发挥能力的机会和条件。

（四）实施幼儿智育应该注意的问题

1. 处理好智力与知识技能之间的关系

知识是人们在改造世界的实践中获得的认识和经验的总和。

知识与智力有着密切的关系。知识、技能是智力发展的基础，智力发展又是获得知识与技能必备的条件。知识的贫乏与浅薄不利于智力的发展，而智力的高低决定着掌握知识的深度，以及运用知识的灵活程度。比如，幼儿在对四季植物变化的认识过程中，通过观察认识植物的特征，通过记忆了解植物的变化过程，通过思维辨别不同植物的不同特点，通过想象把对植物的印象用艺术手段表现出来……在这一过程中，幼儿通过智力活动获得了关于植物的许多知识，知识的质量取决于幼儿观察水平、记忆水平、思维水平等的高低；但是，如果幼儿没有任何关于植物的知识，是没办法对植物进行探索的。因此，在智育过程中，教师必须认清知识和智力的关系，应将知识的获得与智力的发展高度统一起来。否则，若只偏重于知识的灌输，将阻碍幼儿的智力发展；但如果离开了知识的基础，智力的发展又将成为空中楼阁。

2. 重视幼儿非智力因素的培养

非智力因素是指不直接参与认识过程的心理因素，它包括情感、意志、性格、兴趣等方面，智力因素与非智力因素是智力活动的两个方面。它们虽有相对的独立性，但两者是相互联系、相互影响、相互制约的。只有二者都处在最佳状态，幼儿的智力活动才能取得成功。

非智力因素对智力的发展起着促进和保证作用。一个智力水平一般的人，如果他有热爱学习、勇于探索、意志坚强、不怕困难等优秀的非智力品质，就能积极主动地投入学习，智力活动就会呈现积极活动状态。反之，即使一个人再聪明，如果他不喜欢学习，怕困难，不能坚持完成学习任务的话，是绝不会取得成功的。

在幼儿期，幼儿对周围世界充满了强烈的好奇心，什么都想看一看、摸一摸、尝试一番，弄明白是怎么回事。这种好奇心进而发展成为求知欲。他们不断向成人提出一个又一个的问题，"打破砂锅问到底"，或是自己"冒险"去尝试，以求得答案。求知欲的满足会给幼儿带来欢愉，并激发更强的求知欲，进而形成稳定的有益的兴趣。幼儿对认识对象的兴趣越大，注意的稳定性就越强。在兴趣推动下，其他的优良个性品质，如自制力、专注性、坚持性等也易于形成。因此，教师可以从培养幼儿广泛的兴趣和强烈的求知欲入手，发展幼儿的非智力品质。

3. 注意幼儿知识的结构化

幼儿的知识如果是零散的、杂乱的、琐碎的，那么幼儿很难凭借这些知识去解决问题，这些知识对幼儿思维的发展也没有多大意义。也就是说，幼儿智力发展的重大进展不是取决于个别知识和技能的掌握，而是看这些个别知识能否结合成一个反映事物或现象之间的规律或联系的"结构"。必须明确的是，幼儿的知识结构是建立在幼儿感性经验基础上的。因此，它与中小学那种以科学概念为中心的学科知识体系有本质的不同。

重视幼儿知识的结构化，能扩大幼儿的知识容量，能促进幼儿巩固已有的知识，并将获得的新知识迅速归入自己已有的结构中，使新旧知识结合成更大更好的知识结构，大大提高认识能力，举一反三、触类旁通。例如幼儿在看电视、图书或参观动物园的活动中自发地获得了很多有关动物的感性经验，如老虎的皮是条纹状的、青蛙的皮是绿色的、海豚的皮是滑溜溜的等。但这些有关动物的认知是零碎的。如果教师通过有意识地组织各种活动，把这些动物进行比较，帮助幼儿看到，动物的皮与它们生活的环境是密切相关的，是动物保护自己、生存下去的必要条件。幼儿就能由认识事物现象的外部特征过渡到认识这些现象的内部联系，形成一个有关动物的知识"结构"。借此他们就能想象出从没见过的北极动物会有厚厚的皮毛，他们就能明白在泥土中钻洞的老鼠为什么是褐色的。在这种学习过程中，幼儿知识的获得与智力的发展就统一起来了。

四、幼儿体育教育

在幼儿园教育活动中，体育活动一直被放在重要地位，因为它是受教育者全面发展的重要因素。但是，体育的效果在短时间内难以显示出来，不像其他教育活动，如美术教育活动、数学教育活动等可以较快地取得成效。因此，一些幼儿园为了迎合家长急功近利的思想，往往有意无意地忽视体育活动。幼儿园的主要任务是实行保育与教育相结合的原则，对幼儿实施体、智、德、美全面发展的教育，促进其身心和谐发展。作为融保育和教育为一体的学前教育，在对幼儿实施全面、和谐发展的教育时，必须把"体育"放在首要地位，以提高幼儿的身体健康水平，增强幼儿的体质，促进幼儿的全面发展。强调幼儿体育的首要地位，就必须反对幼儿教育中重智轻体、重德轻体的现象。

（一）根据幼儿期生理、心理的特点来安排教学

1. 幼儿的生理特点

幼儿期，人处于初步的发育阶段，骨骼细小，硬度差，容易变形，肌肉体积小，收缩力弱，心脏心腔小，心肌薄，心肌收缩力小，心跳快，肺组织的弹力纤维少，肺活量小，呼吸弱，神经系统易兴奋，注意力不集中。因此，幼儿不宜进行过大压力的负重练习，也不能进行过长时间的大强度训练，幼儿期体育活动具有特殊性与选择性的特点，所以应采用科学适当的体育方法进行教育，如让幼儿进行一些基本动作、身体姿势及体操和体育游戏等内容的体育活动。

2. 心理特点

依据人心理发展规律及心理年龄特征，幼儿期是以具体的形象思维为特征，但思维能力较差，发育不成熟，感知、记忆、想象、思维、言语能力都相对较低，社会性较差，兴趣爱好、特长表现不明显，意志不坚定，对问题的判断能力差，应变能力弱，情绪、个性、性格都有待于后天的培养，但喜欢玩耍、游戏、运动，另外，适宜的环境对幼儿发展具有一定的促进作用。体育教育要适合幼儿心理特征，且能设置适宜的教育环境，起到积极的教育作用。

（二）注重幼儿体育兴趣的培养

珍惜幼儿好玩的情感体验，讲究启发兴趣的方法。首先，在教学过程中，教师要利用幼儿好玩好动的特点，注意选择新颖有趣的教学内容，采取多种多样的、适合幼儿年龄并有吸引力的教法和措施，为幼儿创造一个富有乐趣的运动环境，使之能完成教师安排的种种练习，从而达到由好玩转化为要玩、想玩、会玩的目的。其次，教师要通过各种形式，取得幼儿的好感，并适当满足他们的意愿，给他们适当的表演机会，这样，他们就会产生一种极大的满足，而这种满足的积累正是产生体育兴趣的动力。最后，在体育教育中，老师要特别注意运用启发式教学，当好"导演"，珍惜幼儿乐于活动的美好情感，热情指导幼儿进行体育锻炼，耐心帮助他们克服困难，并尽可能以"孩子头"的身份参加到他们的活动中去，共同分享成功的欢乐，总结失败的经验教训。

满足幼儿体育需求心理，克服体育兴趣的易变性特点。幼儿年龄阶段，绝大多数幼儿参加体育活动，首先是由好奇心引起的。其目的是好玩，他们还不能自觉意识到体育最本质的东西。他们对练习内容的动作要领和方法很不注意，并且不感兴趣，他们往往只以追求运动过程中的各种新异刺激、浓烈的运动气氛和种种趣味情景为最大满足，常常热切地

期望这一时刻的到来。根据幼儿这一特殊的体育需求心理，在这个年龄阶段，老师要因势利导地培养他们的体育兴趣。

利用具有生活情趣的体育活动，积极诱导幼儿的体育兴趣。一方面要注意从小培养，另一方面要进行多方面的诱导。调动幼儿的积极性、引导其体育兴趣的正常发展。教师不仅要发挥本身的主导作用，而且要调动幼儿的积极性，并善于引导他们的体育兴趣向正常的方向发展。根据幼儿思维特点，加强形象化教学培养幼儿体育兴趣。由于幼儿时期以形象思维为主，所以要培养幼儿对体育的兴趣，对体育内容要加强形象化的讲述，以达到良好的效果，吸引幼儿的注意力。创造良好的环境，促进幼儿体育兴趣的发展。包括场地器材布置、体育设施条件、教师的精神状态和业务水平等。

（三）幼儿体育教育必须采用切实可行的教育方法

1. 可控性体育训练法

即或在家长或在老师的指导、控制下进行幼儿活动能力的训练，如指导做幼儿体操、韵律操牵手上下楼梯等，训练幼儿活动能力，进行身体锻炼，促进幼儿生长发育。

2. 游戏法

即采用游戏的形式进行教育，在幼儿期，游戏是孩子特别喜欢的体育活动，更何况游戏有娱乐性、趣味性，提高孩子参与积极性，选择适当的游戏尤为重要。

3. 体育比赛法

在体育比赛当中，让幼儿运用合理的方法完成比赛，或教授其比赛的方法，使其在日常生活中进行练习、比赛，此种方法既可丰富体育知识又可开发智力，对幼儿发展具有不可估量的作用。

4. 情境教育法

教师或家长有意识地创设体育环境，如多媒体、挂图录像等，让孩子学习体育知识的同时，也接触识字、学语的功能。

（四）在教学过程中要注意安全问题

在课程当中要注意幼儿的安全问题，因为幼儿处于生长发育过程中，其骨骼及软组织易受到损伤。所以，我们在体育教学中应注意各种动作的正确身体姿势的培养，养成良好体态仪表，防止骨骼变形。因此，教师在课程的组织及实施中要把安全放到首要的位置。也就是说，安全是幼儿体育教学的首要问题。在设计课程时，不要安排难度过大、疼痛感较强的练习，在进行体育教学时原则上不要搞技巧性训练。要在有地板的室内或有沙土的平地上或有草坪的地方进行锻炼，以降低地面对幼儿机体的反作用力；如果在水泥地上或柏油路面上进行锻炼，一定要求孩子穿软底鞋，以减轻硬度高的地面的反震力对孩子肢体和肌肉群的损伤。

在幼儿期，对幼儿进行体育教育，可有效地促进孩子学语、走路、认字及活动能力的提高，为以后童年，少年期学习生活奠定基础，并符合终身教育、终身体育、素质教育的思想，对孩子的心理、生理发展具有积极的促进作用。对孩子进行体育教育，还可完善教育体系，建立新的幼儿教育理念，促进教育科学飞速发展。我们必须重视幼儿的体育教育，找到合适的教育方法，激发幼儿的体育兴趣，为幼儿今后"德、智、体、美、劳"全面发展奠定坚实的基础。

五、幼儿美育教育

美育是指审美教育，也叫美感教育。幼儿美育是运用自然美、社会美和艺术美培养幼儿正确的审美观念，使其具有感受美、鉴赏美、表现美和创造美的能力及培养健康审美态度的教育。美育在提高幼儿素质，促进幼儿全面发展方面有着其他教育不可替代的作用。

（一）寓美育于各科教学之中是实施美育的主要途径

幼儿园的各科教学都蕴含着丰富的美育内容。

1. 音乐教育

音乐是以声音塑造形象的听觉艺术，它以一定的节奏和旋律通过听觉影响着幼儿的情感，同时又使幼儿的听觉在音乐中获得更好的发展。音乐教育对于开发幼儿智力，发展其想象力、记忆力，活跃思维及培养良好的道德情操都有积极的促进作用。在音乐教育中，教师要通过唱歌、欣赏音乐、游戏和舞蹈等内容教幼儿有表情地唱歌，并迎合音乐做出优美协调的节律动作或舞蹈动作，培养初步的音乐欣赏和唱歌、跳舞的简单技能，发展其音乐才能和音乐艺术的想象力、创造力。

2. 美术教育

幼儿园的美术教育包括绘画和欣赏等内容。美术是一种造型艺术。由于它色彩协调、线条清晰、形象生动，有助于锻炼幼儿的视觉，又能够发展幼儿的观察力和艺术想象力。幼儿对形象美好、色彩鲜艳的玩具和图片能表现出极大的欣赏欲，喜欢用画笔涂画出一些他们想象的图案来，这一过程中实际上就是幼儿对美的追求和创造。所以教给幼儿简单的绘画、泥工、手工、纸工、制作玩具的技能，使他们能够从事一些简单的美术活动，可以培养幼儿对美术的兴趣，并激发他们的美术创造能力。

3. 文学艺术教育

文学是以生动形象的语言塑造人物形象和情节的艺术，对幼儿的情感发展有重要影响。幼儿园中的文学艺术教育主要是通过听故事、听童话、朗读诗歌、观看儿童题材的影视作品等进行的。儿童文学作品内容丰富、语言优美，不仅能丰富幼儿的知识，发展语言艺术，而且可以使儿童受到美德教育，提高幼儿辨别真假、善恶和美丑的能力。幼儿在学习过程中，有时要通过自己的表演形象地再现故事、童话、诗歌等文艺作品的内容，使其想象力、思维能力、创造力都得到了发展。

4. 体育

体育是促进幼儿身体健康，增强体质的主要手段。也是培养幼儿形体美、姿态美的主要教育途径。在体育教学中要根据幼儿年龄和生理、心理特点教给幼儿一些简单的体育活动技能，使他们能够在简单的体育活动中提高运动能力并促进体质的增强。幼儿园的体育教学还可以结合音乐或模仿小动物等手段进行。如学小兔跳动作时，播放节奏强的乐曲，让幼儿随着优美的音乐节奏，模仿小兔跳，幼儿不仅跳得认真、活泼，而且都希望自己的动作优美协调，争取得到老师的表扬。经常开展幼儿体育锻炼活动，可以提高幼儿的身体机能和对外界的适应能力，还能锻炼幼儿的坚强意志，提高身体的健康素质。

5. 常识教育

常识教育是对幼儿进行综合知识的教育，其主要目的是使幼儿多了解一些周围生活中粗浅的知识和技能，并了解一些简单的科学基础知识。由于常识教学中经常与自然界的客观事物打交道，所以应该利用常识教学对幼儿进行热爱科学和爱护环境等方面的科学常识教育。如游览动物园时，可以让幼儿从观看各种动物的情境中产生热爱和保护环境的美好情感。

（二）日常生活是美育的丰富源泉

创设一个优美的育人环境，使幼儿潜移默化地受到熏陶，是对幼儿进行美育的重要途径。幼儿园是幼儿学习、生活的主要场所，幼儿园的整体设计及室内外装饰，都应该注意按照美的规律进行构思，同时还要注意童趣的特点。如在围墙上画出形态各异的动物画及卡通画，能使幼儿有生活在童话世界的感觉。又如在活动室或走廊的墙上画出有故事内容的童话，可以对幼儿进行无声的美育。在美的环境中，幼儿心理上能产生愉悦感，有利于幼儿健康和谐的心理发展。幼儿园的日常生活包括从幼儿入园到离园的各个环节，生活环境包括园舍、教室、寝室等各种场所。而每一个生活环节和每处生活场所，都应该重视对幼儿的美育影响，用潜移默化的美育因素，使幼儿获得健康和谐的教育是日常生活中美育的主要内容。

（三）通过美育教育，培养幼儿美好的道德情操

参观工农业生产，可以培养热爱劳动人民的情感。听英雄模范的事迹介绍，可以培养向英雄人物学习的品德。在公共场所进行社会公德教育，可以培养幼儿自觉遵守社会规范的美好行为品质。参观天安门、游览长城等人文艺术可以培养幼儿热爱祖国、热爱家乡的美好情感。大自然是对幼儿进行美育的极好教材，黎明的朝霞、黄昏的落日、夜空的星斗，都会引起幼儿美的想象。地上的小虫、空中的飞鸟、水中的游鱼、花间的蝴蝶，对幼儿都有极大的吸引力，使他们产生对祖国大好河山的爱。经常带领幼儿到千姿百态、气象万千的大自然中去，让他们呼吸新鲜的空气、领略鸟语花香的美好景色，有助于陶冶幼儿的情操，增强幼儿感受美、欣赏美和创造美的能力。

综上所述，美是无处不在的，我们应该充分利用一切可以利用的条件，多渠道、全方位地对幼儿实施美育，才能够促进幼儿的全面和谐发展，以提高未来社会的人才素质。

参考文献

[1] 秦旭芳. 幼儿园危机管理 ［M］. 北京：北京师范大学出版社，2023.

[2] 李晓巍. 幼儿园管理 ［M］. 北京：中国人民大学出版社，2023.

[3] 杜燕红，张一楠. 幼儿园组织与管理 ［M］. 第 2 版. 武汉：武汉大学出版社，2023.

[4] 朱媛. 幼儿园组织与管理 ［M］. 第 2 版. 成都：西南交通大学出版社，2023.

[5] 左志宏. 幼儿园班级管理微课版 ［M］. 上海：华东师范大学出版社，2023.

[6] 王瑜，贺燕丽. 幼儿园组织与管理第 2 版 ［M］. 北京：高等教育出版社，2023.

[7] 李友文，索光举. 学习手册阶梯式突破试卷幼儿园组织与管理 ［M］. 北京：中国社
   会科学出版社，2023.

[8] 陶金玲. 幼儿园班级管理 ［M］. 第 2 版. 南京：南京大学出版社，2023.

[9] 杨坤婕，崔利玲. 幼儿园班级管理丛书环境创设与利用：环境不是装饰品 ［M］. 南
   京：南京师范大学出版社，2023.

[10] 殷海燕. 新时期幼儿园教育教学工作研究 ［M］. 长春：吉林出版集团股份有限公
   司，2023.

[11] 白国芬，崔晔，赵福葵. 幼儿园安全教育与管理 ［M］. 北京：清华大学出版
   社，2022.

[12] 李艳玲，李娜，王琳. 幼儿园班级组织与管理 ［M］. 长沙：湖南师范大学出版
   社，2022.

[13] 杨美男. 幼儿园班级管理 ［M］. 北京：清华大学出版社，2022.

[14] 陈瑶，黄环. 幼儿园班级环境管理 ［M］. 上海：复旦大学出版社，2022.

[15] 王石. 数智化幼儿园：基于数字化和智能化的幼儿园转型与实践 ［M］. 北京：中华
   工商联合出版社，2022.

[16] 李柳. 幼儿园教学与管理实践创新 ［M］. 长春：吉林文史出版社，2021.

[17] 陈进，张玮，王丽萍. 幼儿园班级管理 ［M］. 成都：电子科技大学出版社，2021.

［18］李强，兀静，柯亮. 幼儿园安全管理信息化［M］. 西安：西安交通大学出版社，2021.

［19］左志宏. 幼儿园组织与管理［M］. 北京：中国人民大学出版社，2021.

［20］秦旭芳. 幼儿园班级管理［M］. 北京：中国人民大学出版社，2021.

［21］何小华，蒋春姣. 幼儿园管理与创业［M］. 成都：西南交通大学出版社，2020.

［22］叶繁，刘琬. 幼儿园管理［M］. 郑州：河南人民出版社，2020.

［23］李玮，宁迪，雷钺. 幼儿园班级组织与管理［M］. 北京：北京理工大学出版社，2020.

［24］刘媚. 幼儿园组织与管理［M］. 成都：电子科技大学出版社，2020.

［25］王继. 幼儿园安全管理与教育活动实用手册［M］. 成都：西南交通大学出版社，2020.

［26］何光明. 幼儿园管理［M］. 北京：北京师范大学出版社，2020.

［27］张欣，程志宏. 现代幼儿园管理实务［M］. 第2版. 上海：复旦大学出版社，2020.

［28］秦旭芳. 幼儿园组织与管理［M］. 北京：北京师范大学出版社，2020.

［29］张欣，马晓春，金涛. 幼儿园组织与管理［M］. 第3版. 上海：复旦大学出版社，2020.

［30］刘娟. 幼儿园班级管理［M］. 南京：南京大学出版社，2020.

［31］刘曲，卢玲. 幼儿园班级管理［M］. 长春：东北师范大学出版社，2020.

［32］于秀贞. 新时期幼儿园管理艺术探究［M］. 长春：吉林人民出版社，2019.

［33］尤艳利，刘磊. 幼儿园园长如何优化内部管理［M］. 天津：天津教育出版社，2019.

［34］汤霞敏，曾碧，马茜. 幼儿园班级管理［M］. 长沙：湖南师范大学出版社，2019.

［35］赵西敏. 幼儿园班级管理［M］. 上海：同济大学出版社，2019.

［36］高波，刘敏. 幼儿园经营与组织管理［M］. 东营：中国石油大学出版社，2019.

［37］卓萍，王红英. 幼儿园教研组长管理工作指导手册［M］. 武汉：武汉大学出版社，2019. 11.

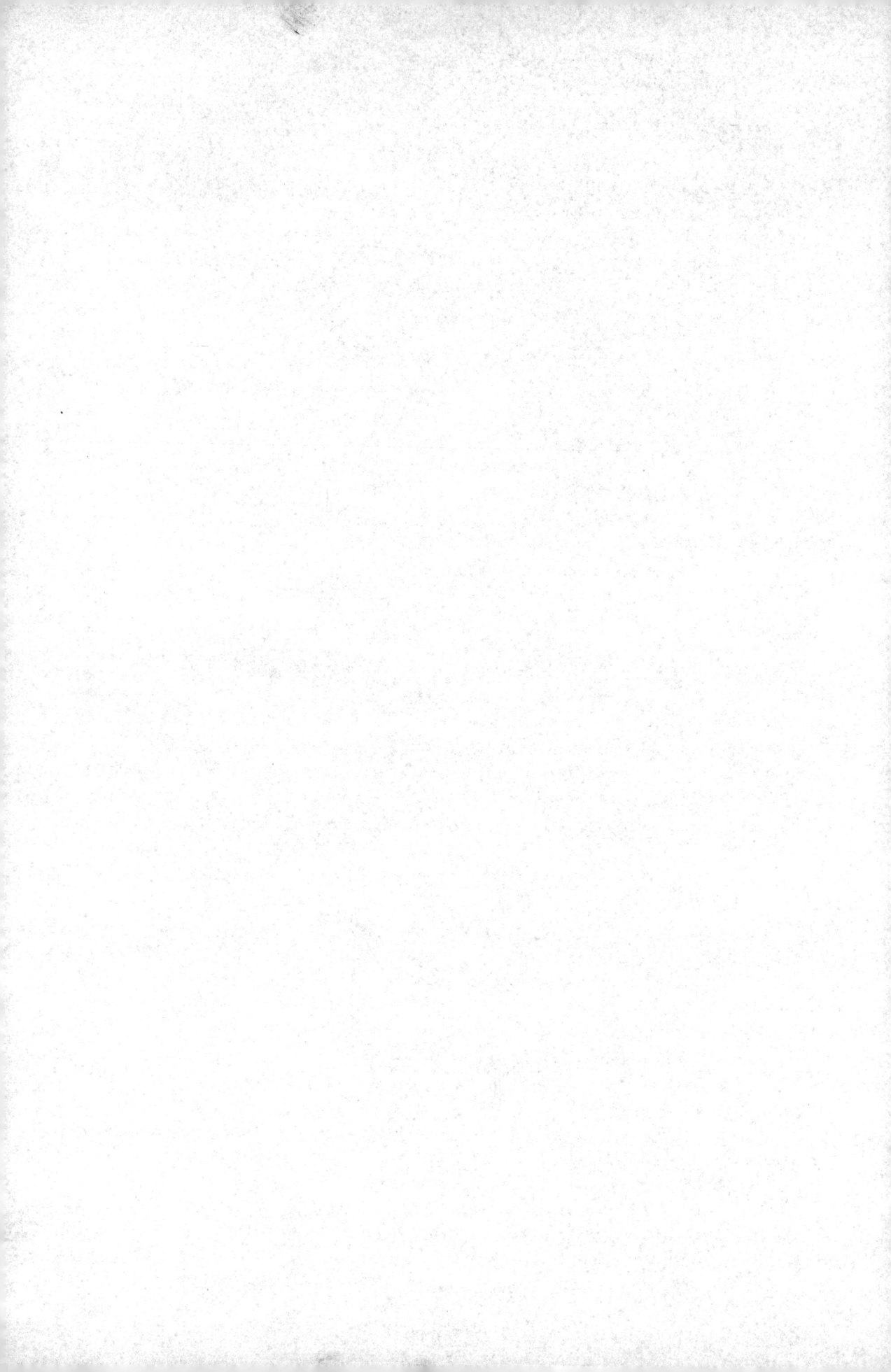